I0177328

PREFÁCIO

A coleção de frases de viagem "Vai tudo correr bem!" publicada pela T&P Books é concebida para pessoas que vão ao estrangeiro em viagens de turismo e negócios. Os livros de frases contêm o que é mais importante - o essencial para uma comunicação básica. Este é um conjunto indispensável de frases para "sobreviver" no estrangeiro.

Este Guia de Conversação irá ajudá-lo na maioria das situações em que precise de perguntar alguma coisa, obter direções, saber quanto custa algo, etc. Pode também resolver situações de difícil comunicação onde os gestos simplesmente não ajudam.

Este livro contém uma série de frases que foram agrupadas de acordo com os tópicos mais relevantes. Também encontrará um mini dicionário com palavras úteis - números, tempo, calendário, cores ...

Leve consigo para a estrada o Guia de Conversação "Vai tudo correr bem!" e terá um companheiro de viagem insubstituível, que irá ajudá-lo a encontrar o seu caminho em qualquer situação e ensiná-lo a não recear falar com estrangeiros.

TABELA DE CONTEÚDOS

T&P Books Publishing

Coleção Guias de Conversação
"Vai tudo correr bem!"

T&P Books Publishing

GUIA DE CONVERSAÇÃO
— LITUANO —

AS PALAVRAS E AS FRASES MAIS ÚTEIS

Este guia de conversação
contém frases e perguntas
comuns essenciais para uma
comunicação básica
com estrangeiros

Ancrey Taranov

T&P BOOKS

Frases + dicionário de 250 palavras

Guia de Conversação Português-Lituano e mini dicionário 250 palavras

Por Andrey Taranov

A coleção de frases de viagem "Vai tudo correr bem!" publicada pela T&P Books é concebida para pessoas que vão ao estrangeiro em viagens de turismo e negócios. Os livros de frases contêm o que é mais importante - o essencial para uma comunicação básica. Este é um conjunto indispensável de frases para "sobreviver" no estrangeiro.

Também encontrará um mini dicionário com 250 palavras úteis necessárias para a comunicação do dia a dia - os nomes dos meses e dias da semana, medidas, membros da família e muito mais.

Copyright © 2016 T&P Books Publishing

Todos os direitos reservados. Nenhuma parte desta publicação pode ser reproduzida, total ou parcialmente, por quaisquer métodos ou processos, sejam eles eletrónicos, mecânicos, de fotocópia ou outros, sem a autorização escrita do editor. Esta publicação não pode ser divulgada, copiada ou distribuída em nenhum formato.

Editora T&P Books
www.tpbooks.com

ISBN: 978-1-78716-290-7

Este livro também está disponível em formato E-book.
Por favor visite www.tpbooks.com ou as principais livrarias on-line.

PRONÚNCIA

Letra	Exemplo Lituano	Alfabeto fonético T&P	Exemplo Português
Aa	adata	[a]	chamar
Ąą	ąžuolas	[aː]	rapaz
Bb	badas	[b]	barril
Cc	cukrus	[ts]	tsé-tsé
Čč	česnakas	[tʃ]	Tchau!
Dd	dumblas	[d]	dentista
Ee	eglė	[æ]	semana
Ęę	vedęs	[æː]	primavera
Ėė	ėdalas	[eː]	plateia
Ff	fleita	[f]	safári
Gg	gandras	[g]	gosto
Hh	husaras	[ɣ]	agora
I i	ižas	[i]	sinónimo
Į į	mįslė	[iː]	cair
Yy	vynas	[iː]	cair
J j	juokas	[j]	géiser
Kk	kilpa	[k]	kiwi
L l	laisvė	[l]	libra
Mm	mama	[m]	magnólia
Nn	nauda	[n]	natureza
Oo	ola	[o], [oː]	noite
Pp	pirtis	[p]	presente
Rr	ragana	[r]	riscar
Ss	sostinė	[s]	sanita
Šš	šūvis	[ʃ]	mês
Tt	tėvynė	[t]	tulipa
Uu	upė	[u]	bonita
Ųų	siųsti	[uː]	blusa
Ūū	ūmėdė	[uː]	blusa
Vv	vabalas	[ʋ]	fava
Zz	zuikis	[z]	sésamo
Žž	žiurkė	[ʒ]	talvez

Comentários

· Um macron como em (ū), ou um ogonek como em (ą, ę, į, ų) podem ser usados para marcar a extensão de uma vogal em Letão oficial moderno. Os acentos Agudos como em (Áá Ą́ą́), graves como em (Àà), e til como em (Ãã Ą̃ą̃) são usados para indicar acentuações tonais. No entanto, essas acentuações tonais geralmente não se escrevem, exceto em dicionários, gramáticas e quando necessário, para maior clareza na diferenciação de palavras homónimas e no uso em dialetos.

LISTA DE ABREVIATURAS

Abreviaturas do Português

adj	-	adjetivo
adv	-	advérbio
anim.	-	animado
conj.	-	conjunção
desp.	-	desporto
etc.	-	etecetra
ex.	-	por exemplo
f	-	nome feminino
f pl	-	feminino plural
fem.	-	feminino
inanim.	-	inanimado
m	-	nome masculino
m pl	-	masculino plural
m, f	-	masculino, feminino
masc.	-	masculino
mat.	-	matemática
mil.	-	militar
pl	-	plural
prep.	-	preposição
pron.	-	pronome
sb.	-	sobre
sing.	-	singular
v aux	-	verbo auxiliar
vi	-	verbo intransitivo
vi, vt	-	verbo intransitivo, transitivo
vp	-	verbo pronominal
vt	-	verbo transitivo

Abreviaturas do Lituano

dgs	-	plural
m	-	nome feminino
m dgs	-	feminino plural
v	-	nome masculino
v dgs	-	masculino plural

T&P BOOKS

GUIA DE
CONVERSAÇÃO
LITUÁNO

Esta secção contém frases
importantes que podem vir
a ser úteis em várias
situações da vida real.
O Guia de Conversação irá
ajudá-lo a pedir orientações,
esclarecer um preço,
comprar bilhetes e pedir
comida num restaurante

T&P Books Publishing

CONTEÚDO DO GUIA DE CONVERSAÇÃO

T&P Books Publishing

Desculpe, ...	**Atsiprašaũ, ...** [atsʲɪpraˈʃɑʊ, ...]
Olá!	**Sveikì.** [svʲɛɪˈkʲɪ.]
Obrigado /Obrigada/.	**Ãčiū.** [ˈaːtʂʲuː.]
Adeus.	**Ikì.** [ɪˈkʲɪ.]
Sim.	**Taìp.** [ˈtʌɪp.]
Não.	**Nè.** [ˈnʲɛ.]
Não sei.	**Nežinaũ.** [nʲɛʒʲɪˈnɑʊ.]
Onde? | Para onde? | Quando?	**Kur̃? | Kur? | Kadà?** [ˈkʊr? | ˈkʊr? | ka'da?]

Preciso de ...	**Mán reĩkia ...** [ˈman ˈrʲɛɪkʲɛ ...]
Eu queria ...	**Nóriu ...** [ˈnorʲʊ ...]
Tem ...?	**Ar̃ tùrite ...?** [ar ˈtʊrʲɪtʲɛ ...?]
Há aqui ...?	**Ar̃ čià yrà ...?** [ar ˈtʂʲæ iːˈra ...?]
Posso ...?	**Ar̃ galiù ...?** [ar gaˈlʲʊ ...?]
..., por favor	**Prašaũ ...** [praˈʃɑʊ ...]

Estou à procura de ...	**Íeškau ...** [ˈɪʲɛʃkɑʊ ...]
casa de banho	**tualèto** [tʊaˈlʲɛtɔ]
Multibanco	**bankomãto** [baŋkoˈmaːtɔ]
farmácia	**váistinės** [ˈvʌɪstʲɪnʲeːs]
hospital	**ligóninės** [lʲɪˈɡonʲɪnʲeːs]
esquadra de polícia	**polìcijos skỹriaus** [poˈlʲɪtsɪjos ˈskʲiːrʲɛʊs]
metro	**metrò** [mʲɛˈtro]

táxi	taksì
	[tak'sʲɪ]
estação de comboio	traukinių stotiễs
	[traʊkʲɪ'nʲuː stoˈtʲɛs]

Chamo-me ...	Mãno vařdas ...
	['maːnɔ 'vardas ...]
Como se chama?	Kuõ jũs vardù?
	['kʊɑ 'juːs var'dʊ?]
Pode-me dar uma ajuda?	Atsiprašaũ, ař gãlite padéti?
	[atsʲɪpra'ʃaʊ, ar 'gaːlʲɪte pa'dʲeːtʲɪ?]
Tenho um problema.	Atsitìko problemà.
	[atsʲɪ'tʲɪkɔ problʲɛ'ma.]
Não me sinto bem.	Mán blogà.
	['man blʲo'ga.]
Chame a ambulância!	Kviẽskite greĩtają!
	['kvʲɛskʲɪtʲɛ 'grʲɛɪtaːjaː!]
Posso fazer uma chamada?	Ař galiù paskam̃binti?
	[ar ga'lʲʊ pas'kambʲɪntʲɪ?]

Desculpe.	Atsiprašaũ.
	[atsʲɪpra'ʃaʊ.]
De nada.	Nẽrà ùž kã.
	[nʲeːˈra 'ʊʒ kaː.]

eu	àš
	['aʃ]
tu	tù
	['tʊ]
ele	jìs
	[jɪs]
ela	jì
	[jɪ]
eles	jiẽ
	['jiɛ]
elas	jõs
	['jɔːs]
nós	mẽs
	['mʲæs]
vocês	jũs
	['juːs]
você	Jũs
	['juːs]

ΕΝΤRΛDA	ĮÉJÌMAS
	[iːʲɛːˈjɪmas]
SAÍDA	IŠĖJÌMAS
	[ɪʃeːˈjɪmas]
FORA DE SERVIÇO	NEVEĪKIA
	[nʲɛ'vʲɛɪkʲɛ]
FECHADO	UŽDARÝTA
	[ʊʒda'rʲiːta]

ABERTO

ATIDARÝTA
[atˈɪdaˈrʲiːta]

PARA SENHORAS

MÓTERŲ
[ˈmotʲɛruː]

PARA HOMENS

VÝRŲ
[ˈvʲiːruː]

Perguntas

Onde? **Kur̃?**
['kʊr?]

Para onde? **Į kur̃?**
[i: 'kʊr?]

De onde? **Iš kur̃?**
[ɪʃ 'kʊr?]

Porquê? **Kodėl?**
[kɔ'dⁱeːlⁱ?]

Porque razão? **Kodėl?**
[kɔ'dⁱeːlⁱ?]

Quando? **Kadà?**
[ka'da?]

Quanto tempo? **Kíek laĩko?**
['kⁱiɛk 'lⁱʌɪko?]

A que horas? **Kadà?**
[ka'da?]

Quanto? **Kíek?**
['kⁱiɛk?]

Tem ...? **Aȓ tùrlte ...?**
[ar 'tʊrⁱɪtⁱɛ ...?]

Onde fica ...? **Kur̃ yrà ...?**
['kʊr iː'ra ...?]

Que horas são? **Kíek dabaȓ valandų̃?**
['kⁱiɛk da'bar valⁱan'duː?]

Posso fazer uma chamada? **Aȓ galiù paskam̃binti?**
[ar ga'lⁱʊ pas'kambⁱɪntⁱɪ?]

Quem é? **Kàs teñ?**
['kas tⁱɛn?]

Posso fumar aqui? **Aȓ čià galimà rūkýti?**
[ar 'tʂⁱæ galⁱɪ'ma ruː'kⁱiːtⁱɪ?]

Posso ...? **Aȓ galiù ...?**
[ar ga'lⁱʊ ...?]

Necessidades

Eu gostaria de ...	**Noréčiau ...** [no'rⁱe:tʂⁱɛʊ ...]
Eu não quero ...	**Nenóriu ...** [nⁱɛ'norⁱʊ ...]
Tenho sede.	**Nóriu atsigérti.** ['norⁱʊ atsⁱɪ'gⁱɛrtⁱɪ.]
Eu quero dormir.	**Nóriu miẽgo.** ['norⁱʊ 'mⁱɛgɔ.]

Eu queria ...	**Nóriu ...** ['norⁱʊ ...]
lavar-me	**nusipraũsti** [nʊsⁱɪ'praʊstⁱɪ]
escovar os dentes	**išsivalýti dantìs** [ɪʃsⁱɪva'lⁱi:tⁱɪ dan'tⁱɪs]
descansar um pouco	**trupùtį pailséti** [trʊ'pʊtⁱɪ: pʌɪlⁱ'sⁱe:tⁱɪ]
trocar de roupa	**pérsirengti** ['pⁱɛrsⁱɪrⁱɛŋktⁱɪ]

voltar ao hotel	**grį̃žti i viẽšbutį** ['grⁱi:ʒtⁱɪ ɪ 'vⁱɛʃbʊtⁱi:]
comprar ...	**nusipĩrkti ...** [nʊsⁱɪ'pⁱɪrktⁱɪ ...]
ir para ...	**eĩti į̃ ...** ['ɛɪtⁱɪ i: ...]
visitar ...	**aplankýti ...** [aplⁱaŋ'kⁱi:tⁱɪ ...]
encontrar-me com ...	**susitìkti sù ...** [sʊsⁱɪ'tⁱɪktⁱɪ 'sʊ ...]
fazer uma chamada	**paskam̃binti** [pas'kambⁱɪntⁱɪ]

Estou cansado /cansada/.	**Àš pavar̃gęs /pavar̃gusi/.** ['aʃ pa'vargⁱɛ:s /pa'vargʊsⁱɪ/.]
Nós estamos cansados /cansadas/.	**Mẽs pavar̃gome.** ['mⁱæs pa'vargomⁱɛ.]
Tenho frio.	**Mán šálta.** ['man 'ʃalⁱta.]
Tenho calor.	**Mán karštà.** ['man karʃ'ta.]
Estou bem.	**Mán vìskas geraĩ.** ['man 'vⁱɪskas gⁱɛ'rʌɪ.]

Preciso de telefonar.	**Mán reĩkia paskambinti.** ['man 'rɛɪkʲɛ pasˈkambʲɪntʲɪ.]
Preciso de ir à casa de banho.	**Mán reĩkia į̃ tualètą.** ['man rʲɛɪkʲɛ iː tʊaˈlʲɛtaː.]
Tenho de ir.	**Mán reĩkia eĩti.** ['man 'rɛɪkʲɛ 'ɛɪtʲɪ.]
Tenho de ir agora.	**Mán jaũ reĩkia eĩti.** ['man jɛʊ 'rɛɪkʲɛ 'ɛɪtʲɪ.]

Perguntando por direções

Desculpe, ...	**Atsiprašaŭ, ...** [atsʲɪpra'ʃɑʊ, ...]
Onde fica ...?	**Kur yrà ...?** ['kʊr i:'ra ...?]
Para que lado fica ...?	**Į̇ kurią̇ pùsę yrà ...?** [i: kʊ'rʲæ: 'pʊsʲɛ: i:'ra ...?]
Pode-me dar uma ajuda?	**Atsiprašaŭ, ar̃ galite padéti?** [atsʲɪpra'ʃɑʊ, ar 'ga:lʲɪte pa'dʲe:tʲɪ?]

Estou à procura de ...	**Àš ieškau ...** ['aʃ 'rʲɛʃkɑʊ ...]
Estou à procura da saída.	**Àš ieškau išėjìmo.** ['aʃ 'ɪeʃkɑʊ iʃʲe:'jɪmɔ.]

Eu vou para ...	**Àš einù į̇ ...** ['aʃ ɛɪ'nʊ i: ...]
Estou a ir bem para ...?	**Ar̃ àš teisìngai einù į̇ ...?** [ar 'aʃ tʲɛɪ'sʲɪ:ngʌɪ ɛɪ'nʊ i: ...?]

Fica longe?	**Ar̃ tolì?** [ar to'lʲɪ?]
Posso ir até lá a pé?	**Ar̃ galiù nueĩti teñ pèsčiomìs?** [ar ga'lʲʊ 'nʊʲɛɪtʲɪ ten pʲe:stʃo'mʲɪs?]

Pode-me mostrar no mapa?	**Ar̃ galite paródyti žemélapyje?** [ar 'ga:lʲɪte pa'rodʲi:tʲɪ ʒe'mʲe:lapʲi:je?]
Mostre-me onde estamos de momento.	**Paródykite, kur̃ dabar̃ ẽsame.** [pa'rodʲi:kʲɪtʲɛ, kʊr da'bar 'ɛsamʲɛ.]

Aqui	**Čià** ['tʂʲæ]
Ali	**Teñ** ['tʲɛn]
Por aqui	**Eimè čià** [ɛɪ'mʲɛ tʂʲæ]

Vire à direita.	**Sùkite dešiněn.** ['sʊkʲɪtʲe deʃʲɪnʲe:n.]
Vire à esquerda.	**Sùkite kairěn.** ['sʊkʲɪtʲe kʌɪrʲe:n.]
primeira (segunda, terceira) curva	**pìrmas (añtras, trẽčias) pósūkis** ['pʲɪrmas ('antras, 'trɛtʃɪɛs) 'posu:kʲɪs]

para a direita	**į dešinę** [i: 'dʲæʃɪnʲɛ:]
para a esquerda	**į kairę** [i: 'kʌɪrʲɛ:]
Vá sempre em frente.	**Eikite tiesiai.** ['ɛɪkʲɪtʲɛ 'tʲɛsʲɛɪ.]

Sinais

BEM-VINDOS!	**SVEIKÌ ATVÝKĘ!** [svʲɛɪ'kʲɪ atʲvʲiːkʲɛːl]
ENTRADA	**ĮĖJÌMAS** [iːʲɛːʲjɪmas]
SAÍDA	**IŠĖJÌMAS** [ɪʃʲeːʲjɪmas]

EMPURRAR	**STÙMTI** ['stʊmtʲɪ]
PUXAR	**TRÁUKTI** ['trɑʊktʲɪ]
ABERTO	**ATIDARÝTA** [atʲɪda'rʲiːta]
FECHADO	**UŽDARÝTA** [ʊʒda'rʲiːta]

PARA SENHORAS	**MÓTERŲ** ['motʲɛruː]
PARA HOMENS	**VÝRŲ** ['vʲiːruː]
HOMENS, CAVALHEIROS (m)	**VÝRŲ** ['vʲiːruː]
SENHORAS (f)	**MÓTERŲ** ['motʲɛruː]

DESCONTOS	**NÚOLAIDOS** ['nʊolʲʌɪdos]
SALDOS	**IŠPARDAVÌMAS** [ɪʃparda'vʲɪmas]
GRATUITO	**NEMÓKAMAI** [nʲɛ'mokamʌɪ]
NOVIDADE!	**NAUJÍENA!** [nɑʊ'jiɛnal]
ATENÇÃO!	**DĖMESIO!** ['dʲeːmesʲol]

NÃO HÁ VAGAS	**LAISVŲ VIĖTŲ NĖRÀ** [lʲʌɪs'vuː 'vʲɛtu nʲeːʲra]
RESERVADO	**REZERVÚOTA** [rʲɛzʲɛr'vʊota]
ADMINISTRAÇÃO	**ADMINISTRÃCIJA** [admʲɪnʲɪs'traːtsʲɪja]
ACESSO RESERVADO	**TÌK PERSONÁLUI** ['tʲɪk pʲɛrso'nalʲʊi]

CUIDADO COM O CÃO	**ATSARGIAĪ, ŠUŎ!** [atsar'gʲɛɪ, 'ʃʊɑ!]
NÃO FUMAR!	**NERŪKÝTI!** [nʲɛru:'kʲi:tʲɪ!]
NÃO MEXER!	**NELIÉSTI!** [nʲɛ'lʲɛstʲɪ!]
PERIGOSO	**PAVOJÌNGA** [pavo'jɪnga]
PERIGO	**PAVŌJUS** [pa'voːjʊs]
ALTA TENSÃO	**AUKŠTĀ ĮTAMPA** [ɑʊkʃ'ta 'iːtampa]
PROIBIDO NADAR	**NESIMÁUDYTI!** [nʲɛsʲɪ'mɑʊdʲiːtʲɪ!]

FORA DE SERVIÇO	**NEVEĪKIA** [nʲɛ'vʲɛɪkʲæ]
INFLAMÁVEL	**DEGÙ** [dʲɛ'gʊ]
PROIBIDO	**UŽDRAUSTÀ** [ʊʒdrɑʊs'ta]
PASSAGEM PROIBIDA	**PRAĖJÌMO NĖRÀ!** [praʲeː'jɪmɔ nʲeː'ra!]
PINTADO DE FRESCO	**DAŽÝTA** [da'ʒʲiːta]

FECHADO PARA OBRAS	**UŽDARÝTA REMÒNTUI** [ʊʒda'rʲiːta rʲɛ'montʊi]
TRABALHOS NA VIA	**KĖLIO DARBAĪ** ['kʲælʲɔ dar'bʌɪ]
DESVIO	**APÝLANKA** [a'pʲiːlʲaŋka]

Transportes. Frases gerais

avião	lėktùvas [lʲeˈkˈtʊvas]
comboio	traukinỹs [trɑʊkʲɪˈnʲiːs]
autocarro	autobùsas [ɑʊtoˈbʊsas]
ferri	kéltas [ˈkʲɛlʲtas]
táxi	taksì [takˈsʲɪ]
carro	automobìlis [ɑʊtomoˈbʲɪlʲɪs]

horário	tvarkãraštis [tvarˈkaːraʃtʲɪs]
Onde posso ver o horário?	Kur̃ galiù ràsti tvarkãraštį? [ˈkʊr gaˈlʲʊ ˈrastʲɪ tvarˈkaːraʃtʲɪː?]
dias de trabalho	dárbo dienomìs [ˈdarbɔ dʲiɛnoˈmʲɪs]
fins de semana	saváitgaliais [saˈvʌɪtgalʲɛɪs]
férias	šveñtinėmis dienomìs [ˈʃventʲɪnʲeːmʲɪs dʲiɛnoˈmʲɪs]

PARTIDA	IŠVYKÌMAS [ɪʃvʲiːˈkʲɪmas]
CHEGADA	ATVYKÌMAS [atvʲiːˈkʲɪmas]
ATRASADO	ATIDĖ́TAS [atʲɪˈdʲeːtas]
CANCELADO	ÀTŠAUKTAS [ˈatʃɑʊktas]

próximo (comboio, etc.)	kìtas [ˈkʲɪtas]
primeiro	pìrmas [ˈpʲɪrmas]
último	paskutìnis [paskʊˈtʲɪnʲɪs]

Quando é o próximo ...?	Kadà kìtas ...? [kaˈda ˈkʲɪtas ...?]
Quando é o primeiro ...?	Kadà pìrmas ...? [kaˈda ˈpʲɪrmas ...?]

Quando é o último ...?	**Kadà paskutìnis ...?** [ka'da paskʊ'tⁱɪnⁱɪs ...?]
transbordo	**pérsėdimas** ['pⁱɛrsⁱeːdⁱɪmas]
fazer o transbordo	**pérsėsti** ['pⁱɛrsⁱeːstⁱɪ]
Preciso de fazer o transbordo?	**Aȓ màn reìkia pérsėsti?** [ar 'man 'rⁱɛɪkⁱɛ 'pⁱærsⁱeːstⁱɪ?]

Comprando bilhetes

Onde posso comprar bilhetes?	**Kur galiu nusipirkti bilietą?** ['kʊr ga'lʲʊ nʊsʲɪ'pʲɪrktʲɪ 'bʲɪlʲiɛta:?]
bilhete	**bilietas** ['bʲɪlʲiɛtas]
comprar um bilhete	**nusipirkti bilietą** [nʊsʲɪ'pʲɪrktʲɪ 'bʲɪlʲiɛta:]
preço do bilhete	**bilieto kaina** ['bʲɪlʲiɛtɔ 'kʌɪna]
Para onde?	**Į kur?** [i: 'kʊr?]
Para que estação?	**Į kurią stotį?** [i: kʊ'rʲæ: 'stɔ:tʲɪ:?]
Preciso de ...	**Mán reikia ...** ['man 'rʲɛɪkʲɛ ...]
um bilhete	**víeno bilieto** ['vʲiɛnɔ 'bʲɪlʲiɛtɔ]
dois bilhetes	**dviejų bilietų** [dvʲiɛ'ju: 'bʲɪlʲiɛtu:]
três bilhetes	**trijų bilietų** [trʲɪ'ju: 'bʲɪlʲiɛtu:]
só de ida	**į víeną pusę** [i: 'vʲiɛna: 'pʊsʲɛ:]
de ida e volta	**pirmyn - atgal** [pʲɪr'mʲi:n - at'galʲ]
primeira classe	**pirmąja klasė** [pʲɪr'ma:ja klʲa'sʲɛ]
segunda classe	**antrąja klasė** [ant'ra:ja klʲa'sʲɛ]
hoje	**šiandien** ['ʃændʲiɛn]
amanhã	**rytoj** [rʲi'tɔj]
depois de amanhã	**poryt** [po'rʲi:t]
de manhã	**ryte** [rʲi'tʲɛ]
à tarde	**põ pietų** ['po: pʲiɛ'tu:]
ao fim da tarde	**vakare** [vaka'rʲɛ]

lugar de corredor

lugar à janela

Quanto?

Posso pagar com cartão de crédito?

vietà priẽ praėjìmo
[vʲiɛˈta prʲɛ praʲeːˈjɪmɔ]

vietà priẽ lángo
[vʲiɛˈta prʲɛ ˈlʲangɔ]

Kíek?
[ˈkʲiɛk?]

Ar̃ galiù mokéti kredìto kortelè?
[ar gaˈlʲʊ moˈkʲeːtʲɪ kreˈdʲɪtɔ korteˈlʲɛ?]

Autocarro

autocarro	**autobùsas** [auto'busas]
camioneta (autocarro interurbano)	**tarpmiestìnis autobùsas** [tarpmʲiɛs'tʲɪnʲɪs auto'busas]
paragem de autocarro	**autobùsų stotėlė** [auto'busu: sto'tʲælʲe:]
Onde é a paragem de autocarro mais perto?	**Kur̃ yrà arčiáusia autobùsų stotẽlė?** ['kʊr i:'ra ar'tʂʲæusʲɛ auto'busu: sto'tʲælʲe:?]

número	**nùmeris** ['numʲɛrʲɪs]
Qual o autocarro que apanho para ...?	**Kuriuõ autobusù galimà nuvažiuoti į ...?** [kʊ'rʲuo: autobu'su galʲɪ'ma nʊva'ʒʲuotʲɪ i: ...?]
Este autocarro vai até ...?	**Ar̃ šis autobùsas važiúoja į ...?** [ar ʃɪ:s auto'busas va'ʒʲuo:jɛ i: ...?]
Com que frequência passam os autocarros?	**Kàs kíek laĩko važiúoja autobùsai?** ['kas 'kʲiɛk 'lʲʌɪko va'ʒʲua:jɛ auto'busʌɪ?]

de 15 em 15 minutos	**kàs penkiólika minùčių** ['kas pʲɛŋ'kʲolʲɪka mʲɪ'nʊtʂʲu:]
de meia em meia hora	**kàs pùsvalandį** ['kas 'pʊsvalʲandʲɪ:]
de hora a hora	**kàs vãlandą** ['kas 'va:lʲanda:]
várias vezes ao dia	**Kelìs kartùs per̃ diẽną** [kʲɛ'lʲɪs kar'tʊs pʲɛr 'dʲɛna:]
... vezes ao dia	**... kartùs per̃ diẽną** [... kar'tʊs pʲɛr 'dʲɛna:]

horário	**tvarkãraštis** [tvar'ka:raʃtʲɪs]
Onde posso ver o horário?	**Kur̃ galiù ràsti tvarkãraštį?** ['kʊr ga'lʲʊ 'rastʲɪ tvar'ka:raʃtʲɪ:?]
Quando é o próximo autocarro?	**Kadà kìtas autobùsas?** [ka'da 'kʲɪtas auto'busas?]
Quando é o primeiro autocarro?	**Kadà pìrmas autobùsas?** [ka'da 'pʲɪrmas auto'busas?]
Quando é o último autocarro?	**Kadà paskutìnis autobùsas?** [ka'da paskʊ'tʲɪnʲɪs auto'busas?]

paragem	**stotelė** [sto't̪æl̪e:]
próxima paragem	**kita stotelė** [kɪ'ta sto't̪æl̪e:]
última paragem	**paskutinė maršrùto stotelė** [pasku't̪ɪn̪e: marʃrʊtɔ sto't̪æl̪e:]
Pare aqui, por favor.	**Prašaū, sustókite čià.** [pra'ʃɑʊ, sʊs'tokʲɪt̪ɛ t̪s̪ʲæ.]
Desculpe, esta é a minha paragem.	**Atsiprašaū, taì māno stotelė.** [ats̪ʲɪpra'ʃɑʊ, t̪ʌɪ 'ma:nɔ sto't̪æl̪e:.]

Comboio

comboio	**traukinỹs** [trɑʊkʲɪˈnʲiːs]
comboio sub-urbano	**priemiestìnis traukinỹs** [prʲiɛmʲiɛsˈtʲɪnʲɪs trɑʊkʲɪˈnʲiːs]
comboio de longa distância	**tarpmiestìnis traukinỹs** [tarpmʲiɛsˈtʲɪnʲɪs trɑʊkʲɪˈnʲiːs]
estação de comboio	**traukinių̃ stotìs** [trɑʊkʲɪnʲuː stoˈtʲɪs]
Desculpe, onde fica a saída para a plataforma?	**Atsiprašaũ, kur̃ yrà išė́jimas į̃ peroną?** [atsʲɪpraˈʃɑʊ, kʊr iːˈra iʃʲeːˈjɪmas iː peˈrona:?]

Este comboio vai até ...?	**Ar̃ šìs traukinỹs važiúoja į̃ ...?** [ar ʃiːs trɑʊkʲɪˈnʲiːs vaˈʒʲuo:jɛ iː ...?]
próximo comboio	**kìtas traukinỹs** [ˈkʲɪtas trɑʊkʲɪˈnʲiːs]
Quando é o próximo comboio?	**Kadà kìtas traukinỹs?** [kaˈda kʲɪtas trɑʊkʲɪˈnʲiːs?]
Onde posso ver o horário?	**Kur̃ galiù ràsti tvarkãraštį?** [ˈkʊr gaˈlʲʊ ˈrastʲɪ tvarˈka:raʃtʲɪ:?]
Apartir de que plataforma?	**Ìš kuriõ peròno?** [ɪʃ kʊˈrʲo: pʲɛˈrono?]
Quando é que o comboio chega a ...?	**Kadà traukinỹs atvažiuõs į̃ ...?** [kaˈda trɑʊkʲɪˈnʲɪːs atvaˈʒʲuo:s iː ...?]

Ajude-me, por favor.	**Prašaũ, padė́kite mán.** [praˈʃɑʊ, paˈdʲeːkʲɪte ˈman.]
Estou à procura do meu lugar.	**Íeškau sàvo viẽtos.** [ˈrʲɛʃkɑʊ ˈsavɔ ˈvʲɛtos.]
Nós estamos à procura dos nossos lugares.	**Íeškome sàvo viẽtų.** [ˈrʲɛʃkomʲɛ ˈsavɔ ˈvʲɛtu:.]
O meu lugar está ocupado.	**Màno vietà užimtà.** [ˈmanɔ vʲiɛˈta uʒʲɪmˈta.]
Os nossos lugares estão ocupados.	**Mū́sų viẽtos ùžimtos.** [ˈmuːsu: ˈvʲɛtos ˈuʒʲɪmtos.]

Peço desculpa mas este é o meu lugar.	**Atsiprašaũ, bèt taĩ mãno vietà.** [atsʲɪpraˈʃɑʊ, bʲɛt tʌɪ ˈma:nɔ vʲiɛˈta.]
Este lugar está ocupado?	**Ar̃ šì vietà užimtà?** [ar ʃɪ vʲiɛˈta uʒʲɪmˈta?]
Posso sentar-me aqui?	**Ar̃ galiù čià atsisė́sti?** [ar gaˈlʲʊ ˈtsʲæ atsʲɪˈsʲeːstʲɪ?]

No comboio. Diálogo (Sem bilhete)

Bilhete, por favor.

Prašaū paródyti bìlietą.
[pra'ʃɑʊ pa'rodʲiːtʲɪ bʲɪlʲiɛta:.]

Não tenho bilhete.

Àš neturiù bìlieto.
['aʃ nʲɛtʊ'rʲʊ 'bʲɪlʲiɛto.]

Perdi o meu bilhete.

Pàmečiau sàvo bìlietą.
['pamʲɛtʂʲɛʊ 'savɔ 'bʲɪlʲiɛta:.]

Esqueci-me do bilhete em casa.

Pamiršaū sàvo bìlietą namuosè.
[pamʲɪr'ʃɑʊ 'savɔ 'bʲɪlʲiɛta: namʊɑ'sʲɛ.]

Pode comprar um bilhete a mim.

Gãlite nusipìrkti bìlietą ìš manęs.
['gaːlʲɪtʲɛ nʊsʲɪ'pʲɪrktʲɪ 'bʲɪlʲiɛta: ɪʃ ma'nʲɛːs.]

Terá também de pagar uma multa.

Taìp pàt turésite sumokéti baūdą.
['tʌɪp 'pat tʊ'rʲeːsʲɪte sʊmo'kʲeːtʲɪ 'bɑʊda:.]

Está bem.

Geraì.
[gʲɛ'rʌɪ.]

Onde vai?

Kur̃ važiúojate?
['kʊr va'ʒʲʊoːjɛtʲɛ?]

Eu vou para …

Važiúoju į̃ …
[va'ʒʲʊoːjʊ iː …]

Quanto é? Eu não entendo.

Kíek? Àš nesuprantù.
['kʲiɛk? aʃ nʲɛsʊpran'tʊ.]

Escreva, por favor.

Ar̃ gãlite užrašýti?
[ar 'gaːlʲɪtʲɛ ʊʒra'ʃɪːtʲɪ?]

Está bem. Posso pagar com cartão de crédito?

Geraì. Ar̃ galiù mokéti kredìto kortelè?
[gʲɛ'rʌɪ. ar ga'lʲʊ mo'kʲeːtʲɪ kre'dʲɪto korte'lʲɛ?]

Sim, pode.

Taìp, gãlite.
['tʌɪp, 'gaːlʲɪtʲɛ.]

Aqui tem a sua fatura.

Štaì jū́sų čẽkis.
['ʃtʌɪ 'juːsu: 'tʂʲɛkʲɪs.]

Desculpe pela multa.

Atsiprašaū dė̃l baudõs.
[atsʲɪpra'ʃɑʊ dʲeːlʲ bɑʊ'doːs.]

Não tem mal. A culpa foi minha.

Niẽko, taì mãno kaltė̃.
['nʲɛko, 'tʌɪ 'maːno kalʲ'tʲeː.]

Desfrute da sua viagem.

Gẽ̃ros keliõnės.
['gʲɛroːs kʲɛ'lʲonʲɛs.]

Taxi

táxi	**taksì** [tak'sʲɪ]
taxista	**taksì vairúotojas** [tak'sʲɪ vʌɪ'rʊoto:jɛs]
apanhar um táxi	**susistabdýti taksì** [sʊsʲɪstab'dʲi:tʲɪ tak'sʲɪ]
paragem de táxis	**taksì stotẽlė** [tak'sʲɪ sto'tʲælʲe:]
Onde posso apanhar um táxi?	**Kur̃ galiù išsikviẽsti taksì?** ['kʊr ga'lʲʊ ɪʃsʲɪk'vʲestʲɪ tak'sʲɪ?]
chamar um táxi	**išsikviẽsti taksì** [ɪʃsʲɪ'kvʲestʲɪ tak'sʲɪ]
Preciso de um táxi.	**Mán reĩkia taksì.** ['man 'rʲɛɪkʲɛ tak'sʲɪ.]
Agora.	**Dabar̃.** [da'bar.]
Qual é a sua morada?	**Kóks jū́sų ãdresas?** ['koks 'ju:su: 'a:drʲɛsas?]
A minha morada é ...	**Màno ãdresas yrà...** ['manɔ 'a:drʲɛsas i:'ra...]
Qual o seu destino?	**Kur̃ važiúosite?** ['kʊr va'ʒʲʊosʲɪtʲɛ?]
Desculpe, ...	**Atsiprašaũ, ...** [atsʲɪpra'ʃɑʊ, ...]
Está livre?	**Ar̃ Jū̃s neùžimtas?** [ar 'ju:s 'nʲɛʊ ʒʲɪmtas?]
Em quanto fica a corrida até ...?	**Kíek kainúotų nuvažiúoti į ...?** ['kʲɪɛk kʌɪ'nʊotu: nʊva'ʒʲʊotʲɪ i: ...?]
Sabe onde é?	**Ar̃ žìnote, kur̃ taĩ yrà?** [ar 'ʒʲɪnotʲɛ, kʊr tʌɪ i:'ra?]
Para o aeroporto, por favor.	**Į́ oro úostą.** [i: 'orɔ 'ʊasta:.]
Pare aqui, por favor.	**Sustókite čià, prašaũ.** [sʊs'tokʲɪtʲɛ tʃʲæ, pra'ʃɑʊ.]
Não é aqui.	**Taĩ nè čià.** ['tʌɪ nʲɛ 'tʃʲæ.]
Esta morada está errada. (Não é aqui)	**Čià nè tàs ãdresas.** ['tʃʲæ nʲɛ 'tas 'a:drʲɛsas.]
Vire à esquerda.	**Sùkite kairẽn.** ['sʊkʲɪtʲɛ kʌɪ'rʲe:n.]
Vire à direita.	**Sùkite dešiñėn.** ['sʊkʲɪtʲɛ deʃʲɪ'nʲe:n.]

Quanto lhe devo?

Queria fatura, por favor.

Fique com o troco.

Kíek àš skolìngas/skolìnga?
['kⁱiɛk aʃ sko'lⁱɪngas /sko'lⁱɪnga?/]

Noréčiau čẻkio.
[no'rⁱe:tʃⁱɛʊ 'tʃⁱɛkⁱɔ.]

Grážą pasilìkite.
[gra:'ʒa: pasⁱɪ'lⁱɪkⁱɪtⁱɛ.]

Espere por mim, por favor.

5 minutos

10 minutos

15 minutos

20 minutos

meia hora

Prašaū mãnęs paláukti.
[pra'ʃaʊ 'ma:nⁱɛ:s pa'lⁱaʊktⁱɪ.]

penkiàs minutès
[pⁱɛŋ'kⁱæs mⁱɪnʊ'tⁱɛs]

dẽšimt minùčių
['dⁱæʃɪmt mⁱɪ'nʊtʃⁱu:]

penkiólika minùčių
[pⁱɛŋ'kⁱolⁱɪka mⁱɪ'nʊtʃⁱu:]

dvìdešimt minùčių
['dvⁱɪdⁱɛʃɪmt mⁱɪ'nʊtʃⁱu:]

pùsvalandį
['pʊsvalⁱandⁱɪ:]

Hotel

Olá!
Sveikì.
[sv^lɛɪ'k^lɪ.]

Chamo-me ...
Mãno var̃das ...
['ma:nɔ 'vardas ...]

Tenho uma reserva.
Àš rezervavaũ kam̃barį.
['aʃ r^lɛz^lɛrva'vɑʊ 'kambar^lɪ:.]

Preciso de ...
Mán reìkia ...
['man 'r^lɛɪk^lɛ ...]

um quarto de solteiro
kam̃bario vienám žmógui
['kambar^lɔ v^lɛ'nam 'ʒmoɡʊi]

um quarto de casal
kam̃bario dviems žmonéms
['kambar^lɔ 'dv^lɪɛms ʒmo'n^le:ms]

Quanto é?
Kíek taì kainuõs?
['k^liɛk 'tʌɪ kʌɪ'nʊɑs?]

Está um pouco caro.
Trupùtį brangù.
[trʊ'pʊti: bran'ɡʊ.]

Não tem outras opções?
Ar̃ tùrite kažką̃ kìto?
[ar 'tʊr^lɪt^lɛ kaʒ'ka: 'k^lɪto?]

Eu fico com ele.
Paìm̃siu.
['pʌɪms^lʊ.]

Eu pago em dinheiro.
Mokésiu grynaìs.
[mo'k^le:s^lʊ ɡr^li:'nʌɪs.]

Tenho um problema.
Turiù problèmą.
[tʊ'r^lʊ prob'l^lɛma:.]

O meu ... está partido
/A minha ... está partida/.
Sulū̃žo màno ... .
[sʊ'l^lu:ʒɔ 'manɔ ...]

O meu ... está avariado
/A minha ... está avariada/.
Neveìkia màno ... .
[n^lɛ'v^lɛɪk^lɛ 'manɔ ...]

televisor (m)
televìzorius
[t^lɛl^lɛ'v^lɪzor^lʊs]

ar condicionado (m)
óro kondicioniẽrius
['orɔ kond^lɪts^lɪjo'n^lɛr^lʊs]

torneira (f)
čiáupas
['tʂ^læʊpas]

duche (m)
dùšas
['dʊʃas]

lavatório (m)
praustùvė
[prɑʊs'tʊv^le:]

cofre (m)
seìfas
['s^lɛɪfas]

fechadura (f)	**durų spyna** [dʊ'ru: spʲi:'na]
tomada elétrica (f)	**elektros lizdas** [ɛ'lʲɛktros 'lʲɪzdas]
secador de cabelo (m)	**plaukų džiovintuvas** [plʲɑʊ'ku: dʒʲovʲɪn'tʊvas]

Não tenho ...	**Aš neturiu ...** ['aʃ nʲɛtʊ'rʲʊ ...]
água	**vandeñs** [van'dʲɛns]
luz	**šviesos** [ʃvʲiɛ'so:s]
eletricidade	**elektros** [ɛ'lʲɛktros]

Pode dar-me ...?	**Ar galite duoti ...?** [ar 'ga:lʲɪtʲɛ 'dʊotʲɪ ...?]
uma toalha	**rankšluostį** ['raŋkʃlʲʊasti:]
um cobertor	**antklodę** ['antklʲodʲɛ:]
uns chinelos	**šlepetes** [ʃlʲɛpʲɛ'tʲɛs]
um roupão	**chalatą** [xa'lʲa:ta:]
algum champô	**šampūno** [ʃam'pu:nɔ]
algum sabonete	**muilo** ['mʊɪlʲɔ]

Gostaria de trocar de quartos.	**Norečiau pakeisti kambarį.** [no'rʲe:tʃʲɛʊ pa'kʲɛɪstʲɪ 'kambarʲɪ:.]
Não consigo encontrar a minha chave.	**Nerandu savo rakto.** [nʲɛran'dʊ 'savɔ 'ra:ktɔ.]
Abra-me o quarto, por favor.	**Ar galite atrakinti mano kambarį?** [ar 'ga:lʲɪtʲɛ atrakʲɪ:ntʲɪ 'manɔ 'kambarʲɪ:?]
Quem é?	**Kas teñ?** ['kas tʲɛn?]
Entre!	**Užeikite!** [ʊ'ʒʲɛɪkʲɪtʲɛ!]
Um minuto!	**Palaukite minutę!** [pa'lʲɑʊkʲɪtʲɛ mʲɪ'nʊtʲɛ:!]
Agora não, por favor.	**Ne dabar, prašau.** ['nʲɛ da'bar, pra'ʃɑʊ.]

Venha ao meu quarto, por favor.	**Prašau, užeikite į mano kambarį.** [pra'ʃɑʊ, ʊ'ʒʲɛɪkʲɪtʲɛ i: 'manɔ 'kambarʲɪ:.]
Gostaria de encomendar comida.	**Norečiau užsisakyti maisto.** [no'rʲe:tʃʲɛʊ ʊʒsʲɪsa'kʲi:tʲɪ 'mʌɪstɔ.]
O número do meu quarto é ...	**Mano kambario numeris ...** ['ma:nɔ 'kambarʲɔ 'nʊmʲɛrʲɪs ...]

Estou de saída …	**Àš išvykstù …** ['aʃ iʃvʲiːks'tʊ …]
Estamos de saída …	**Mẽs išvỹkstame …** ['mʲæs iʃˈvʲiːkstamʲɛ …]
agora	**dabar̃** [da'bar]
esta tarde	**põ pietų̃** ['poː pʲiɛˈtuː]
hoje à noite	**šią̃nakt** ['ʃæːnakt]
amanhã	**rytój** [rʲiːˈtoj]
amanhã de manhã	**rýt rytè** ['rʲiːt rʲiːˈtʲɛ]
amanhã ao fim da tarde	**rýt vakarè** ['rʲiːt vakaˈrʲɛ]
depois de amanhã	**porýt** [poˈrʲiːt]

Gostaria de pagar.	**Norė́čiau sumokė́ti.** [noˈrʲeːtʂʲɛʊ sʊmoˈkʲeːtʲɪ.]
Estava tudo maravilhoso.	**Vìskas bùvo nuostabù.** ['vʲɪskas 'bʊvɔ nʊɑstaˈbʊ.]
Onde posso apanhar um táxi?	**Kur̃ galiù išsikviẽsti taksì?** ['kʊr gaˈlʲʊ ɪʃsʲɪkˈvʲɛstʲɪ tak'sʲɪ?]
Pode me chamar um táxi, por favor?	**Ar̃ galė́tumėte mán iškviẽsti taksì?** [ar gaˈlʲeːtʊmʲeːte 'man iʃk'vʲɛstʲɪ tak'sʲɪ?]

Restaurante

Posso ver o menu, por favor?
Ar galiù gáuti meniù?
[ar ga'lʲʊ 'gɑʊtʲɪ mʲɛ'nʲʊ?]

Mesa para um.
Stãlą vienám.
['staːlʲa: vʲiɛ'nam.]

Somos dois (três, quatro).
Mū̃sų dù (trỹs, keturì).
['muːsu: 'dʊ ('tryiːs, ketu'rʲɪ).]

Para fumadores
Rū̃kantiems
['ruːkantʲiɛms]

Para não fumadores
Nerū̃kantiems
[nʲɛ'ruːkantʲiɛms]

Por favor!
Atsiprašaũ!
[atsʲɪpra'ʃɑʊ!]

menu
meniù
[mʲɛ'nʲʊ]

lista de vinhos
vỹno meniù
['vʲiːnɔ mʲɛ'nʲʊ]

O menu, por favor.
Meniù, prašaũ.
[mʲɛ'nʲʊ, pra'ʃɑʊ.]

Já escolheu?
Ar jaũ norésite užsisakýti?
[ar jɛʊ no'rʲeːsʲɪte ʊʒsʲɪsa'kʲiːtʲɪ?]

O que vai tomar?
Ką̃ užsisakýsite?
[ka: ʊʒsʲɪsa'kʲiːsʲɪtʲɛ?]

Eu quero ...
Àš paim̃siu ...
['aʃ 'pʌɪmsʲʊ ...]

Eu sou vegetariano /vegetariana/.
Àš vegetãras /vegetãrė/.
['aʃ vege'taːras /vege'taːrʲeː/.]

carne
mėsõs
[mʲeːˈsoːs]

peixe
žuviẽs
[ʒʊ'vʲɛs]

vegetais
daržóvės
[dar'ʒovʲeːs]

Tem pratos vegetarianos?
Ar tùrite vegetãriškų patiekalų̃?
[ar 'tʊrʲɪtʲɛ vʲɛgʲɛ'taːrʲɪʃku: patʲiɛka'lʲuː?]

Não como porco.
Àš neválgau kiaulíenos.
['aʃ nʲɛ'valʲgɑʊ kʲɛʊ'lʲiɛnos.]

Ele /ela/ não come porco.
Jìs /jì/ neválgo mėsõs.
[jɪs /jɪ/ ne'valʲgo mʲeːˈsoːs.]

Sou alérgico /alérgica/ a ...
Àš alèrgiškas /alèrgiška/ ...
['aʃ a'lʲɛrgʲɪʃkas /a'lʲɛrgʲɪʃka/ ...]

Por favor, pode trazer-me ...?	Prašau atnešti man ...
	[pra'ʃɑu at'nʲɛʃtʲɪ 'man ...]
sal | pimenta | açucar	druskos | pipirų | cukraus
	['drʊskos | pʲɪ'pʲɪru: | 'tsʊkrɑʊs]
café | chá | sobremesa	kavos | arbatos | desertą
	[ka'vo:s | ar'ba:tos | dʲɛ'sʲɛrta:]
água | com gás | sem gás	vandeñs | gazuoto | negazuoto
	[van'dʲɛns | ga'zʊoto | nʲɛga'zʊotɔ]
uma colher | um garfo | uma faca	šaukštą | šakutę | peilį
	['ʃɑʊkʃta: | ʃa'kʊtʲɛ: | 'pʲɛɪlʲɪ:]
um prato | um guardanapo	lėkštę | servetėlę
	[lʲe:kʃtʲɛ: | serve'tʲe:lʲɛ:]

Bom apetite!	Skanaus!
	[ska'nɑʊs!]
Mais um, por favor.	Prašau dar vieną.
	[pra'ʃɑu 'dar 'vʲiɛna:.]
Estava delicioso.	Buvo labai skanu.
	['bʊvɔ 'lʲa:bʌɪ ska'nʊ.]

conta | troco | gorjeta	sąskaita | grąžą | arbatpinigiai
	['sa:skʌɪta | gra:'ʒa | ar'ba:tpʲɪnʲɪgʲɛɪ]
A conta, por favor.	Sąskaitą, prašau.
	['sa:skʌɪta:, pra'ʃɑʊ.]
Posso pagar com cartão de crédito?	Ar galiu mokéti kreditą kortelę?
	[ar ga'lʲʊ mo'kʲe:tʲɪ kre'dʲɪtɔ korte'lʲɛ?]
Desculpe, mas tem um erro aqui.	Atsiprašau, bet jūs suklydote.
	[atsʲɪpra'ʃɑʊ, bʲɛt 'ju:s sʊk'lʲi:dotʲɛ.]

Centro Comercial

Posso ajudá-lo /ajudá-la/?

Kuõ galiù padéti?
['kuɑ ga'lʲʊ pa'dʲeːtʲɪ?]

Tem ...?

Aȓ tùrite ...?
[ar 'tʊrʲɪtʲɛ ...?]

Estou à procura de ...

Íeškau ...
['ɪʲɛʃkɑʊ ...]

Preciso de ...

Mán reìkia ...
['man 'rʲɛɪkʲɛ ...]

Estou só a ver.

Àš tìk apžiūrinéju.
['aʃ tʲɪk apʒʲuːrʲɪ'nʲeːjʊ.]

Estamos só a ver.

Mēs tìk apžiūrinéjame.
['mʲæs 'tʲɪk apʒʲuːrʲɪ'nʲeːjame.]

Volto mais tarde.

Sugȓšiu vėliaū.
[sʊg'rʲɪːʃʊ vʲeː'lʲɛʊ.]

Voltamos mais tarde.

Sugȓšime vėliaū.
[sʊg'rʲɪːʃɪme vʲeː'lʲɛʊ.]

descontos | saldos

núolaidos | išpardavìmas
['nʊolʲʌɪdos | iʃparda'vʲɪmas]

Mostre-me, por favor ...

Paródykite mán, prašaū, ...
[pa'rodʲiːkʲɪtʲɛ 'man, pra'ʃɑʊ, ...]

Dê-me, por favor ...

Dúokite mán, prašaū, ...
['dʊokʲɪtʲɛ 'man, pra'ʃɑʊ, ...]

Posso experimentar?

Aȓ galiù pasimatúoti?
[ar ga'lʲʊ pasʲɪma'tʊotʲɪ?]

Desculpe, onde fica a cabine de prova?

Atsiprašaū, kuȓ yrà matãvimosi kabìnos?
[atsʲɪpra'ʃɑʊ, kʊr iːra ma'taːvʲɪmosʲɪ ka'bʲɪnos?]

Que cor prefere?

Kokiõs spalvõs norétumėte?
[kɔ'kʲoːs spalʲʲʲvoːs no'rʲeːtumʲe:te?]

tamanho | cvomprimento

dȳdis | ìlgis
['dʲiːdɪs | 'ɪˡgʲɪs]

Como lhe fica?

Aȓ tiñka?
[ar 'tʲɪŋka?]

Quanto é que isto custa?

Kíek taĩ kainúoja?
['kʲiɛk 'tʌɪ kʌɪ'nʊo:jɛ?]

É muito caro.

Peȓ brangù.
['pʲɛr bran'gʊ.]

Eu fico com ele.

Paimšiu.
['pʌɪmsʲʲʊ.]

Desculpe, onde fica a caixa?

Atsiprašaũ, kur̃ galiù sumokéti?
[atsʲɪpraˈʃɑʊ, kʊr gaˈlʲʊ sʊmoˈkʲeːtʲɪ?]

Vai pagar a dinheiro ou com cartão de crédito?

Mokésite grynaĩs ar̃ kredìto kortelè?
[moˈkʲeːsʲɪte grʲiːˈnʌɪs ar krʲɛˈdʲɪtɔ korteˈlʲɛ?]

A dinheiro | com cartão de crédito

grynaĩs | kredìto kortelè
[grʲiːˈnʌɪs | krʲɛˈdʲɪtɔ kortʲɛˈlʲɛ]

Pretende fatura?

Ar̃ reĩkia čekio?
[ar ˈrʲɛɪkʲɛ ˈtʂʲɛkʲo?]

Sim, por favor.

Taĩp.
[ˈtʌɪp.]

Não. Está bem!

Nè, nereĩkia.
[ˈnʲɛ, nʲɛˈrʲɛɪkʲæ.]

Obrigado /Obrigada/.
Tenha um bom dia!

Ãčiū. Vìso gẽro.
[ˈaːtʂʲʊ:. ˈvʲɪsɔ ˈgʲærɔ.]

Na cidade

Desculpe, por favor ...	**Atsiprašaŭ, ...** [atsⁱɪpra'ʃɑʊ.]
Estou à procura ...	**Íeškau ...** ['ɪɛʃkɑʊ ...]

do metro	**metrò** [mⁱɛ'tro]
do meu hotel	**sàvo viēšbučio** ['savɔ 'vⁱɛʃbutʂⁱɔ]
do cinema	**kìno teãtro** ['kⁱɪnɔ tⁱɛ'a:trɔ]
da praça de táxis	**taksì stotēlę** [tak'sⁱɪ sto'tⁱæɫⁱɛ:]

do multibanco	**bankomãto** [baŋko'ma:tɔ]
de uma casa de câmbio	**valiùtos keitȳklos** [va'lⁱʊtos kⁱɛɪ'tⁱi:klos]
de um café internet	**internèto kavìnės** [ɪntɛr'nⁱɛtɔ kavⁱɪ'nⁱe:s]
da rua ...	**... gãtvės** [... ga:t'vⁱe:s]
deste lugar	**šiõs viẽtos** ['ʃⁱo:s 'vⁱɛtos]

Sabe dizer-me onde fica ...?	**Ař žìnote, kuř yrà ...?** [ar 'ʒⁱɪnotⁱɛ, kʊr i:'ra ...?]
Como se chama esta rua?	**Kokià čià gãtvė?** [kɔ'kⁱæ tʂⁱæ 'ga:tvⁱe:?]

Mostre-me onde estamos de momento.	**Paródykite, kuř dabař ẽsame.** [pa'rodⁱi:kⁱɪtⁱɛ, kʊr da'bar 'ɛsamⁱɛ.]
Posso ir até lá a pé?	**Ař galiù nueĩti teñ pėsčiomìs?** [ar ga'lⁱʊ 'nʊⁱɛɪtⁱɪ ten pⁱe:stʂⁱo'mⁱɪs?]
Tem algum mapa da cidade?	**Ař tùrite miẽsto žemélapį?** [ar 'tʊrⁱɪtⁱe 'mⁱɪ:ɛstɔ ʒe'mⁱe:lapⁱɪ:?]

Quanto custa a entrada?	**Kíek kainúoja įėjìmo bìlietas?** ['kⁱɪɛk kʌⁱ'nʊɑ:jɛ i:'ɛ'jɪmo 'bⁱlⁱiɛtas?]
Pode-se fotografar aqui?	**Ař čià galimà fotografúoti?** [ar 'tʂⁱæ galⁱɪ'ma fotogra'fʊotⁱɪ?]
Estão abertos?	**Ař jūs veĩkiate?** [ar 'ju:s 'vⁱɛɪkⁱætⁱɛ?]

A que horas abrem?

Kadà atsidãrote?
[ka'da atsʲɪ'daːrotʲɛ?]

A que horas fecham?

Kadà užsidãrote?
[ka'da ʊʒsʲɪ'daːrotʲɛ?]

Dinheiro

dinheiro
pinigaĩ
[pʲɪnʲɪˈɡʌɪ]

a dinheiro
gryníeji
[grʲiːˈnʲiɛjɪ]

dinheiro de papel
banknòtai
[baŋkˈnotʌɪ]

troco
monètos
[moˈnʲɛtos]

conta | troco | gorjeta
sãskaita | grãžà | arbãtpinigiai
[ˈsaːskʌɪta | graːˈʒa | arˈbaːtpʲɪnʲɪɡʲɛɪ]

cartão de crédito
kredìto kortēlė
[krʲɛˈdʲɪtɔ korˈtʲælʲeː]

carteira
pinigìnė
[pʲɪnʲɪˈɡʲɪnʲeː]

comprar
pir̃kti
[ˈpʲɪrktʲɪ]

pagar
mokéti
[moˈkʲeːtʲɪ]

multa
baudà
[bɑʊˈda]

gratuito
nemókamai
[nʲɛˈmokamʌɪ]

Onde é que posso comprar ...?
Kur̃ galiù nusipír̃kti ...?
[ˈkʊr ɡaˈlʲʊ nʊsʲɪˈpʲɪrktʲɪ ...?]

O banco está aberto agora?
Ar̃ bánkas jaũ dìrba?
[ar ˈbaŋkas ˈjɛʊ ˈdʲɪrba?]

Quando abre?
Kadà atsidãro?
[kaˈda atsʲɪˈdaːro?]

Quando fecha?
Kadà užsidãro?
[kaˈda ʊʒsʲɪˈdaːro?]

Quanto?
Kíek?
[ˈkʲiɛk?]

Quanto custa isto?
Kíek taĩ kainúoja?
[ˈkʲiɛk ˈtʌɪ kʌɪˈnʊoːjɛ?]

É muito caro.
Per̃ brangù.
[ˈpʲɛr branˈɡʊ.]

Desculpe, onde fica a caixa?
Atsiprašaũ, kur̃ galiù sumokéti?
[atsʲɪpraˈʃɑʊ, kʊr ɡaˈlʲʊ sʊmoˈkʲeːtʲɪ?]

A conta, por favor.
Čekį̀, prašaũ.
[ˈtʃʲɛkʲɪː, praˈʃɑʊ.]

Posso pagar com cartão de crédito?	**Ar̃ galiù mokéti kredìto kortelè?** [ar gaˈlʲʊ moˈkʲeːtʲɪ kreˈdʲɪtɔ korteˈlʲɛ?]
Há algum Multibanco aqui?	**Ar̃ čià yrà bankomãtas?** [ar ˈtʂʲæ iːˈra baŋkoˈmaːtas?]
Estou à procura de um Multibanco.	**Íeškau bankomãto.** [ˈɪɛʃkɑʊ baŋkoˈmaːtɔ.]

Estou à procura de uma casa de câmbio.	**Íeškau valiùtos keitỹklos.** [ˈɪɛʃkɑʊ vaˈlʲʊtos kʲɛɪˈtʲiːklos.]
Eu gostaria de trocar ...	**Nóriu pasikeĩsti ...** [ˈnorʲʊ pasʲɪˈkʲɛɪstʲɪ ...]
Qual a taxa de câmbio?	**Kóks valiùtos kùrsas?** [ˈkoks vaˈlʲʊtos ˈkʊrsas?]
Precisa do meu passaporte?	**Ar̃ reĩkia màno pãso?** [ar ˈrʲɛɪkʲɛ ˈmanɔ ˈpaːso?]

Tempo

Que horas são?

Kíek dabar valandų?
['kʲiɛk da'bar valʲan'du:?]

Quando?

Kadà?
[ka'da?]

A que horas?

Kadà?
[ka'da?]

agora | mais tarde | depois ...

dabar | véliaū | põ ...
[da'bar | vʲe:'lʲɛʊ | 'po: ...]

---

uma em ponto

pìrmą vãlandą
['pʲɪrma: 'va:lʲanda:]

uma e quinze

põ pirmõs penkiólika
['po: pʲɪr'mo:s pʲɛŋ'kʲolʲɪka]

uma e trinta

pùsė dviejų
['pʊsʲe: dvʲiɛʲju:]

uma e quarenta e cinco

bė penkiólikos dvì
['bʲɛ pʲɛŋ'kʲolʲɪkos dvʲɪ]

---

um | dois | três

pirmà | antrà | trečià
[pʲɪr'ma | an'tra | trʲɪc'tʂʲæ]

quatro | cinco | seis

ketvirtà | penktà | šeštà
[kʲɛtvʲɪr'ta | pʲɛŋk'ta | ʃɛʃ'ta]

set | oito | nove

septintà | aštuntà | devintà
[sʲɛptʲɪn'ta | aʃtʊn'ta | dʲɛvʲɪn'ta]

dez | onze | doze

dešimtà | vienúolikta | dvýlikta
[dʲɛʃɪm'ta | vʲiɛ'nʊolʲɪkta | 'dvʲi:lʲɪkta]

---

dentro de ...

ùž ...
['ʊʒ ...]

5 minutos

penkių minùčių
[pʲɛŋ'kʲu: mʲɪ'nʊtʂʲu:]

10 minutos

dẽšimt minùčių
['dʲæʃɪmt mʲɪ'nʊtʂʲu:]

15 minutos

penkiólikos minùčių
[pʲɛŋ'kʲolʲɪkos mʲɪ'nʊtʂʲu:]

20 minutos

dvìdešimt minùčių
['dvʲɪdʲɛʃɪmt mʲɪ'nʊtʂʲu:]

---

meia hora

pùsvalandžio
['pʊsvalʲandʒʲɔ]

uma hora

valandõs
[valʲan'do:s]

de manhã	**rytè** [r'i:'t'ɛ]
de manhã cedo	**ankstì rytè** [aŋk'st'ɪ r'i:'t'ɛ]
esta manhã	**šìryt** ['ʃɪ:r'ɪ:t]
amanhã de manhã	**rýt rytè** ['r'i:t r'i:'t'ɛ]

ao meio-dia	**per̃ pietùs** ['p'ɛr p'iɛ'tʊs]
à tarde	**põ pietų̃** ['po: p'iɛ'tu:]
à noite (das 18h às 24h)	**vakarè** [vaka'r'ɛ]
esta noite	**šią̃nakt** ['ʃæ:nakt]

à noite (da 0h às 6h)	**nãktį** ['na:kti:]
ontem	**vãkar** ['va:kar]
hoje	**šiañdien** ['ʃænd'iɛn]
amanhã	**rytój** [r'i:'toj]
depois de amanhã	**porýt** [po'r'i:t]

Que dia é hoje?	**Kokià šiañdien dienà?** [kɔ'k'æ 'ʃænd'iɛn d'iɛ'na?]
Hoje é ...	**Šiañdien yrà ...** ['ʃænd'iɛn i:'ra ...]
segunda-feira	**pirmãdienis** [p'ɪr'ma:d'iɛn'ɪs]
terça-feira	**antrãdienis** [an'tra:d'iɛn'ɪs]
quarta-feira	**trečiãdienis** [tr'ɛ'tʂ'æd'iɛn'ɪs]

quinta-feira	**ketvirtãdienis** [k'ɛtv'ɪr'ta:d'iɛn'ɪs]
sexta-feira	**penktãdienis** [p'ɛŋk'ta:d'iɛn'ɪs]
sábado	**šeštãdienis** [ʃɛʃ'ta:d'iɛn'ɪs]
domingo	**sekmãdienis** [s'ɛk'ma:d'iɛn'ɪs]

Saudações. Apresentações

Olá!	**Sveikì.**
	[sv^jɛɪ'k^jɪ.]
Prazer em conhecê-lo /conhecê-la/.	**Malonù susipažìnti.**
	[mal^jo'nʊ sʊs^jɪpa'ʒ^jɪnt^jɪ.]
O prazer é todo meu.	**Mán ĩrgi.**
	['man 'irg^jɪ.]
Apresento-lhe ...	**Nóriu, kàd susipažìntum sù ...**
	['nor^jʊ, 'kad sʊs^jɪpa'ʒ^jɪntʊm 'sʊ ...]
Muito prazer.	**Malonù susipažìnti.**
	[mal^jo'nʊ sʊs^jɪpa'ʒ^jɪnt^jɪ.]

Como está?	**Kaĩp laĩkotės?**
	['kʌɪp 'l^jʌɪkot^je:s?]
Chamo-me ...	**Mãno var̃das ...**
	['maːnɔ vardas ...]
Ele chama-se ...	**Jõ var̃das ...**
	[jɔː 'vardas ...]
Ela chama-se ...	**Jì vardù ...**
	['jɪ var'dʊ ...]
Como é que o senhor /a senhora/ se chama?	**Kuõ jũs vardù?**
	['kʊɑ 'juːs var'dʊ?]
Como é que ela se chama?	**Kuõ jìs vardù?**
	['kʊɑ jɪs var'dʊ?]
Como é que ela se chama?	**Kuõ jì vardù?**
	['kʊɑ jɪ var'dʊ?]

Qual o seu apelido?	**Kokià jũsų pavardě?**
	[kɔ'k^jæ 'juːsuː pavar'd^je:?]
Pode chamar-me ...	**Gãli manè vadìnti ...**
	['ga:l^jɪ ma'n^jɛ va'd^jɪnt^jɪ ...]
De onde é?	**Ìš kur̃ jũs ẽsate?**
	[ɪʃ 'kʊr 'juːs 'ɛsat^jɛ?]
Sou de ...	**Àš ìš ...**
	['aʃ ɪʃ ...]
O que faz na vida?	**Kuõ užsìimate?**
	['kʊɑ ʊʒ's^jɪimat^jɛ?]
Quem é este?	**Kàs tàs žmogùs?**
	['kas 'tas ʒmo'gʊɔ?]
Quem é ele?	**Kàs jìs?**
	['kas 'jɪs?]
Quem é ela?	**Kàs jì?**
	['kas jɪ?]
Quem são eles?	**Kàs jiẽ?**
	['kas jɪɛ?]

Este é ...	**Tai ...** ['tʌɪ ...]
o meu amigo	**mãno draũgas** ['ma:nɔ 'drɑũgas]
a minha amiga	**mãno draugě** ['ma:nɔ drɑʊˈgʲeː]
o meu marido	**mãno výras** ['ma:nɔ ʲviːras]
a minha mulher	**mãno žmonà** ['ma:nɔ ʒmoˈna]
o meu pai	**màno tévas** ['manɔ 'tʲeːvas]
a minha mãe	**mãno mamà** ['ma:nɔ maˈma]
o meu irmão	**mãno brólis** ['ma:nɔ 'brolʲɪs]
a minha irmã	**mãno sesuõ** ['ma:nɔ sʲɛˈsʊɑ]
o meu filho	**mãno sūnùs** ['ma:nɔ suːˈnʊs]
a minha filha	**mãno dukrà** ['ma:nɔ dʊkˈra]

Este é o nosso filho.	**Tai mū́sų sūnùs.** ['tʌɪ 'muːsu: suːˈnʊs.]
Este é a nossa filha.	**Tai mū́sų dukrà.** ['tʌɪ 'muːsu: dʊkˈra.]
Estes são os meus filhos.	**Tai mãno vaikaĩ.** ['tʌɪ 'ma:nɔ vʌɪˈkʌɪ.]
Estes são os nossos filhos.	**Tai mū́sų vaikaĩ.** ['tʌɪ 'muːsu: vʌɪˈkʌɪ.]

Despedidas

Adeus!	**Vìso gẽro!** ['vʲɪsɔ 'gʲæro!]
Tchau!	**Ikì!** [ɪ'kʲɪ!]
Até amanhã.	**Pasimatýsim rýt.** [pasʲɪma'tʲiːsʲɪm 'rʲiːt.]
Até breve.	**Greĩtai pasimatýsime.** ['grʲɛɪtʌɪ pasʲɪma'tʲiːsʲɪmʲɛ.]
Até às sete.	**Pasimatýsime septiñtą.** [pasʲɪma'tʲiːsʲɪmʲɛ sʲɛp'tʲɪnta:.]
Diverte-te!	**Pasilìnksminkite!** [pasʲɪ'lʲɪŋksmʲɪŋkʲɪtʲɛ!]
Falamos mais tarde.	**Pašnekésim véliaũ.** [paʃnʲɛ'kʲeːsʲɪm vʲeː'lʲɛʊ.]
Bom fim de semana.	**Gẽro savaĩtgalio.** ['gʲærɔ sa'vʌɪtgalʲɔ.]
Boa noite.	**Labãnakt.** [lʲa'baːnakt.]
Está na hora.	**Mán jaũ laĩkas eĩti.** ['man 'jɛʊ 'lʲʌɪkas 'ɛɪtʲɪ.]
Preciso de ir embora.	**Mán reĩkia eĩti.** ['man 'rʲɛɪkʲɛ 'ɛɪtʲɪ.]
Volto já.	**Tuõj grĩšiu.** ['tʊɔj 'grʲɪːʃʊ.]
Já é tarde.	**Jaũ vélù.** ['jɛʊ vʲeː'lʲʊ.]
Tenho de me levantar cedo.	**Mán reĩkia ankstì kéltis.** ['man 'rʲɛɪkʲɛ aŋk'stʲɪ 'kʲɛlʲtʲɪs.]
Vou-me embora amanhã.	**Àš išvykstù rýt.** ['aʃ ɪʃvʲiːks'tʊ 'rʲiːt.]
Vamos embora amanhã.	**Mẽs išvỹkstame rýt.** ['mʲæs ɪʃ'vʲiːkstamʲɛ 'rʲiːt.]
Boa viagem!	**Gẽros keliõnės!** [gʲærɔs kʲɛ'lʲɔːnʲɛːs!]
Tive muito prazer em conhecer-vos.	**Bùvo malonù susipažìnti.** ['bʊvɔ malʲɔ'nʊ susʲɪpa'ʒʲɪntʲɪ.]
Foi muito agradável falar consigo.	**Bùvo malonù pasišnekéti.** ['bʊvɔ malʲɔ'nʊ pasʲɪʃnʲɛ'kʲeːtʲɪ.]
Obrigado /Obrigada/ por tudo.	**Ãčiū ùž vìską.** ['aːtʂʲu: 'ʊʒ 'vʲɪska:.]

Passei um tempo muito agradável.

Puikiai praleidau laiką.
[pʊɪkʲɛɪ pra'lʲɛɪdɑʊ 'lʌɪka:.]

Passámos um tempo muito agradável.

Mes puikiai praleidome laiką.
['mʲæs 'pʊɪkʲɛɪ pra'lʲɛɪdomʲɛ 'lʌɪka:.]

Foi mesmo fantástico.

Buvo tikrai smagu.
['bʊvɔ tʲɪk'rʌɪ sma'gʊ.]

Vou ter saudades suas.

Pasiilgsiu tavęs.
[pasʲɪ'lʲɪlʲgsʲʊ ta'vʲɛ:s.]

Vamos ter saudades suas.

Pasiilgsime jūsų.
[pasʲɪ'lʲɪlʲgsʲɪmʲɛ 'ju:su:.]

Boa sorte!

Sėkmės!
[sʲe:k'mʲe:s!]

Dê cumprimentos a ...

Perduokite linkéjimus ...
['pʲɛrdʊɑkʲɪtʲɛ lʲɪŋ'kʲɛjɪmʊs ...]

Língua estrangeira

Eu não entendo.	**Nesuprantù.** [nʲɛsʊpranˈtʊ.]
Escreva isso, por favor.	**Užrašýkite, prašaũ.** [ʊʒraˈʃɪːkʲɪtʲɛ, praˈʃɑʊ.]
O senhor /a senhora/ fala ...?	**Aȓ kal̃bate ...?** [ar ˈkalʲbatʲɛ ...?]

Eu falo um pouco de ...	**Trupùtį kalbù ...** [trʊˈpʊtiː kalʲˈbʊ ...]
Inglês	**ángliškai** [ˈanglʲɪʃkʌɪ]
Turco	**tuȓkiškai** [ˈtʊrkʲɪʃkʌɪ]
Árabe	**arãbiškai** [aˈraːbʲɪʃkʌɪ]
Francês	**prancũziškai** [pranˈtsuːzʲɪʃkʌɪ]

Alemão	**vókiškai** [ˈvokʲɪʃkʌɪ]
Italiano	**itãliškai** [ɪˈtaːlʲɪʃkʌɪ]
Espanhol	**ispãniškai** [ɪsˈpaːnʲɪʃkʌɪ]
Português	**portugãliškai** [portʊˈgaːlʲɪʃkʌɪ]
Chinês	**kìniškai** [ˈkʲɪnʲɪʃkʌɪ]
Japonês	**japòniškai** [jaˈponʲɪʃkʌɪ]

Pode repetir isso, por favor.	**Aȓ gãlite pakartóti?** [ar ˈgaːlʲɪtʲɛ pakarˈtotʲɪ?]
Compreendo.	**Suprantù.** [sʊpranˈtʊ.]
Eu não entendo.	**Nesuprantù.** [nʲɛsʊpranˈtʊ.]
Por favor fale mais devagar.	**Aȓ gãlite kalbéti lėčlaũ?** [ar ˈgaːlʲɪte kalʲˈbʲeːtʲɪ lʲeːˈtʂʲɛʊ?]

Isso está certo?	**Aȓ teisìngai?** [ar tʲɛɪˈsʲɪngʌɪ?]
O que é isto? (O que significa?)	**Ką̃ taĩ réiškia?** [kaː ˈtʌɪ ˈrʲɛɪʃkʲæ?]

Desculpas

Desculpe-me, por favor.

Atléiskite.
[at'lʲɛɪskʲɪtʲɛ.]

Lamento.

Atsiprašaũ.
[atsʲɪpraˈʃɑʊ.]

Tenho muita pena.

Mán labaĩ gaĩla.
['man lʲaˈbʌɪ 'gʌɪlʲa.]

Desculpe, a culpa é minha.

Atsiprašaũ, tái aš káltas /kaltà/.
[atsʲɪpraˈʃɑʊ, 'tʌɪ aʃ 'kalʲtas /kalˈta/.]

O erro foi meu.

Taĩ mãno klaidà.
['tʌɪ 'ma:nɔ klʲʌɪ'da.]

Posso ...?

Aȓ galiù ...?
[ar ga'lʲʊ ...?]

O senhor /a senhora/ não
se importa se eu ...?

Aȓ jũs niẽko priẽš, jéi ...?
[ar 'ju:s 'nʲɛkɔ 'prʲɛʃ, jɛɪ ...?]

Não faz mal.

Niẽko tókio.
['nʲɛkɔ 'tokʲɔ.]

Está tudo em ordem.

Vìskas geraĩ.
['vʲɪskas gʲɛ'rʌɪ.]

Não se preocupe.

Nesijáudinkite dẽl tõ.
[nʲɛsʲɪ'jɑʊdʲɪŋkʲɪte 'dʲe:lʲ 'to:.]

Acordo

Sim.	**Taìp.** ['tʌɪp.]
Sim, claro.	**Žìnoma.** ['ʒʲɪnoma.]
Está bem!	**Geraì.** [gʲɛ'rʌɪ.]
Muito bem.	**Puikù.** [pʊi'kʊ.]
Claro!	**Būtinaì!** [buːtʲɪ'nʌɪ!]
Concordo.	**Sutinkù.** [sʊtʲɪŋ'kʊ.]
Certo.	**Tikraì.** [tʲɪk'rʌɪ.]
Correto.	**Teisìngai.** [tʲɛɪ'sʲɪŋɡʌɪ.]
Tem razão.	**Jùs teisùs /teisì/.** ['juːs tʲɛɪ'sʊs /tʲɛɪ'sʲɪ/.]
Eu não me oponho.	**Máṇ tlñka.** ['man 'tʲɪŋka.]
Absolutamente certo.	**Tikraì taìp.** [tʲɪk'rʌɪ 'tʌɪp.]
É possível.	**Įmãnoma.** [iː'maːnoma.]
É uma boa ideia.	**Gerà mintìs.** [gʲɛ'ra mʲɪn'tʲɪs.]
Não posso recusar.	**Negaliù atsisakýti.** [nʲɛga'lʲʊ atsʲɪsa'kʲiːtʲɪ.]
Terei muito gosto.	**Mielaì.** [mʲiɛ'ʎʌɪ.]
Com prazer.	**Sù míelu nóru.** ['sʊ 'mʲiɛʎʊ 'norʊ.]

Recusa. Expressão de dúvida

Não.
Nè.
['nʲɛ.]

Claro que não.
Tikraĩ nè.
[tʲɪk'rʌɪ nʲɛ.]

Não concordo.
Àš nesutinkù.
['aʃ nʲɛsʊtʲɪŋ'kʊ.]

Não creio.
Nemanaũ.
[nʲɛma'nɑʊ.]

Isso não é verdade.
Taĩ netiesà.
['tʌɪ nʲɛtʲiɛ'sa.]

O senhor /a senhora/ não tem razão.
Jũs klýstate.
['ju:s 'kʲlʲi:statʲɛ.]

Acho que o senhor /a senhora/ não tem razão.
Manaũ, jũs klýstate.
[ma'nɑʊ, 'ju:s 'kʲlʲi:statʲɛ.]

Não tenho a certeza.
Nesù tìkras /tikrà/.
[nʲɛ'sʊ 'tʲɪkras /tʲɪk'ra/.]

É impossível.
Neįmãnoma.
[nʲɛɪ:'ma:noma.]

De modo algum!
Niẽko panašaũs!
['nʲɛkɔ pana'ʃɑʊs!]

Exatamente o contrário.
Vìsiškai príešingai.
['vʲɪsʲɪʃkʌɪ 'prʲiɛʃɪŋɡʌɪ.]

Sou contra.
Àš prieštaráuju.
['aʃ prʲiɛʃta'rɑʊjʊ.]

Não me importo.
Mán nerũpi.
['man nʲɛ'ru:pʲɪ.]

Não faço ideia.
Neįsivaizdúoju.
[nʲɛɪ:sʲɪvʌɪz'dʊo:jʊ.]

Não creio.
Abejóju.
[abʲɛ'jɔjʊ.]

Desculpe, mas não posso.
Atsiprašaũ, bèt negaliù.
[atsʲɪpra'ʃɑʊ, bʲɛt nʲɛɡa'lʲʊ.]

Desculpe, mas não quero.
Atsiprašaũ, bèt nenóriu.
[atsʲɪpra'ʃɑʊ, bʲɛt nʲɛ'norʲʊ.]

Desculpe, não quero isso.
Áčiū, bèt mán nereĩkia.
['a:tʂʲu:, bʲɛt 'man nʲɛ'rʲɛɪkʲæ.]

Já é muito tarde.
Jaũ vélu.
['jɛʊ vʲe:'lʲʊ.]

Tenho de me levantar cedo.

Mán reĩkia ankstì kéltis.
['man 'rɛɪkʲɛ aŋk'stʲɪ 'kʲɛlʲtʲɪs.]

Não me sinto bem.

Nesijaučiù geraĩ.
[nʲɛsʲɪˈjɛʊ'tʂʲʊ gʲɛ'rʌɪ.]

Expressão de gratidão

Obrigado /Obrigada/.	**Ãčiū.** ['a:tʂʲu:.]
Muito obrigado /obrigada/.	**Labaĩ ãčiū.** [lʲa'bʌɪ 'a:tʂʲu:.]
Fico muito grato /grata/.	**Aš labaĩ dėkìngas /dėkìnga/.** ['aʃ lʲa'bʌɪ dʲe:'kʲɪngas /dʲe:'kʲɪnga/.]
Estou-lhe muito reconhecido.	**Labaĩ jùms dėkóju.** [lʲa'bʌɪ 'jums dʲe:'ko:ju.]
Estamos-lhe muito reconhecidos.	**Mẽs jùms labaĩ dėkìngi.** ['mʲæs 'jums lʲa'bʌɪ dʲe:'kʲɪngʲɪ.]
Obrigado /Obrigada/ pelo seu tempo.	**Ãčiū ùž júsų laĩką.** ['a:tʂʲu: 'ʊʒ 'ju:su: 'lʲʌɪka:.]
Obrigado /Obrigada/ por tudo.	**Ãčiū ùž vìską.** ['a:tʂʲu: 'ʊʒ 'vʲɪska:.]
Obrigado /Obrigada/ ...	**Ãčiū ùž ...** ['a:tʂʲu: 'ʊʒ ...]
... pela sua ajuda	**pagálbą** [pa'galʲba:]
... por este tempo bem passado	**smagiaĩ praléistą laĩką** [sma'gʲɛɪ pra'lʲɛɪsta: 'lʲʌɪka:]
... pela comida deliciosa	**nuostãbų pãtiekalą** [nʊɑ'sta:bu: 'pa:tʲiɛkalʲa:]
... por esta noite agradável	**malõnų vãkarą** [ma'lʲo:nu: 'va:kara:]
... pelo dia maravilhoso	**nuostãbią diẽną** [nʊɑ'sta:bʲæ: 'dʲɛna:]
... pela jornada fantástica	**nuostãbią keliõnę** [nʊɑ'sta:bʲæ: kʲɛ'lʲo:nʲɛ:]
Não tem de quê.	**Nėrà ùž ką̃.** [nʲe:'ra 'ʊʒ ka:.]
Não precisa agradecer.	**Nedėkókite.** [nʲɛdʲe:'kokʲɪte.]
Disponha sempre.	**Bèt kadà.** ['bʲɛt ka'da.]
Foi um prazer ajudar.	**Bùvo malonù padéti.** ['bʊvɔ malʲo'nʊ pa'dʲe:tʲɪ.]
Esqueça isso.	**Ką̃ jũs, vìskas geraĩ.** [ka: 'ju:s, 'vʲɪskas gʲɛ'rʌɪ.]
Não se preocupe.	**Nesijáudinkite dė̃l tõ.** [nʲɛsʲɪ'jɑʊdʲɪŋkʲɪte 'dʲe:lʲ 'to:.]

Parabéns. Cumprimentos

Parabéns!

Sveikinu!
['svʲɛɪkʲɪnʊ!]

Feliz aniversário!

Sù gimìmo dienà!
['sʊ gʲɪ'mʲɪmɔ dʲiɛ'na!]

Feliz Natal!

Linksmų Kalėdų!
[lʲɪŋks'mu: ka'lʲe:du:!]

Feliz Ano Novo!

Sù Naujàisiais mẽtais!
['sʊ nɑʊ'jʌɪsʲɛɪs 'mʲætʌɪs!]

Feliz Páscoa!

Sù Šventóm Velýkom!
['sʊ ʃvʲɛn'tom vʲɛ'lʲi:kom!]

Feliz Hanukkah!

Sù Chanùka!
['sʊ xa'nʊka!]

Gostaria de fazer um brinde.

Nóriu paskélbti tòstą.
['norʲʊ pas'kʲɛlʲptʲɪ 'tosta:.]

Saúde!

Į sveikãtą!
[i: svʲɛɪ'ka:ta:!]

Bebamos a …!

Išgérkime ùž …!
[ɪʃ'gʲɛrkʲɪmʲɛ 'ʊʒ .. ʲ]

Ao nosso sucesso!

Ùž mū̃sų sėkmę!
['ʊʒ 'mu:sʊ 'sʲe:kmʲɛ:!]

Ao vosso sucesso!

Ùž jū̃sų sėkmę!
['ʊʒ 'ju:sʊ 'sʲe:kmʲɛ:!]

Boa sorte!

Sėkmės!
[sʲe:k'mʲe:s!]

Tenha um bom dia!

Gẽros diẽnos!
['gʲɛros 'dʲɛnos!]

Tenha um bom feriado!

Gerų atóstogų!
[gʲɛ'ru: a'tostogu:!]

Tenha uma viagem segura!

Saũgios keliõnės!
['sɑʊgʲos ke'lʲo:nʲe:s!]

Espero que melhore em breve!

Lìnkiu greĩtai pasveĩkti!
['lʲɪŋkʲʊ 'grʲɛɪtʌɪ pas'vʲɛɪktʲɪ!]

Socializando

Porque é que está chateado /chateada/?	**Kodėl táu liūdnà?** [ko'dʲeːl 'tɑʊ lʲuːd'na?]
Sorria!	**Nusišypsók! Pralinksmék!** [nʊsʲɪʃɪːp'sok! pralʲɪŋk'smʲeːk!]
Está livre esta noite?	**Ar jūs šiandien neužsiėmę?** [ar 'juːs 'ʃændʲiɛn neʊʒ'sʲiɛːmʲɛ:?]
Posso oferecer-lhe algo para beber?	**Ar galiù táu pasiūlyti išgérti?** [ar ga'lʲʊ 'tɑʊ pa'sʲuːlʲiːtʲɪ ɪʃgʲɛrtʲɪ?]
Você quer dançar?	**Ar norétum pašókti?** [ar no'rʲeːtʊm pa'ʃoktʲɪ?]
Vamos ao cinema.	**Gál eìkime į̃ kìną?** ['galʲ 'ɛɪkʲɪmʲɛ iː 'kʲɪːna:?]
Gostaria de a convidar para ir …	**Ar galiù tavè pakviesti …?** [ar ga'lʲʊ ta'vʲɛ pak'vʲɛstʲɪ …?]
ao restaurante	**į̃ restorãną** [iː rʲɛsto'raːna:]
ao cinema	**į̃ kìną** [iː 'kʲɪːna:]
ao teatro	**į̃ teãtrą** [iː tʲɛ'aːtra:]
passear	**pasiváikščioti** [pasʲɪ'vʌɪkʃtʂʲotʲɪ]
A que horas?	**Kadà?** [ka'da?]
hoje à noite	**šią̃nakt** ['ʃæːnakt]
às 6 horas	**šèštą** ['ʃæʃta:]
às 7 horas	**septiñtą** [sʲɛp'tʲɪnta:]
às 8 horas	**aštuñtą** [aʃtʊnta:]
às 9 horas	**deviñtą** [dʲɛ'vʲɪnta:]
Gosta deste local?	**Ar táu čià patiñka?** [ar 'tɑʊ tʂʲæ pa'tʲɪŋka?]
Está com alguém?	**Ar tù nè víena?** [ar 'tʊ nʲɛ 'vʲiɛna?]
Estou com o meu amigo.	**Àš sù draugù /draugè/.** ['aʃ 'sʊ drɑʊ'gʊ /drɑʊ'gʲɛ/.]

Estou com os meus amigos.	**Aš su draugaìs /draugėmìs/.**
	[ˈaʃ ˈsʊ drɑʊˈgʌɪs /drɑʊgʲeːˈmʲɪs/.]
Não, estou sozinho /sozinha/.	**Nè, aš víena.**
	[ˈnʲɛ, aʃ ˈvʲiɛna.]

Tens namorado?	**Aȓ tùri vaikìną?**
	[ar ˈtʊrʲɪ vʌɪˈkʲɪnaː?]
Tenho namorado.	**Turiù vaikìną.**
	[tʊˈrʲʊ vʌɪˈkʲɪnaː.]
Tens namorada?	**Aȓ tùri mergìną?**
	[ar ˈtʊrʲɪ mʲɛrˈgʲɪnaː?]
Tenho namorada.	**Turiù mergìną.**
	[tʊˈrʲʊ mʲɛrˈgʲɪnaː.]

Posso voltar a vêr-te?	**Aȓ gãlime dár kadà pasimatýti?**
	[ar ˈgaːlʲɪmʲɛ ˈdar kaˈda pasʲɪmaˈtʲiːtʲɪ?]
Posso ligar-te?	**Aȓ galiù táu paskam͂binti?**
	[ar gaˈlʲʊ ˈtɑʊ pasˈkambʲɪntʲɪ?]
Liga-me.	**Paskam͂bink mán.**
	[pasˈkambʲɪŋk ˈman.]
Qual é o teu número?	**Kóks tàvo nùmeris?**
	[ˈkoks ˈtavɔ ˈnʊmʲɛrʲɪs?]
Tenho saudades tuas.	**Pasìlgau tavę̃s.**
	[pasʲɪˈlʲɪlʲgɑʊ taˈvʲɛːs.]

Tem um nome muito bonito.	**Tàvo gražùs vaȓdas.**
	[ˈtavɔ graˈʒʊs ˈvardas.]
Amo-te.	**Mýliu tavè.**
	[ˈmʲiːlʲʊ taˈvʲɛ.]
Quer casar comigo?	**Aȓ tekési už manę̃s?**
	[ar teˈkʲeːsʲɪ ˈʊʒ maˈnʲɛːs?]
Você está a brincar!	**Tù juokáuji!**
	[ˈtʊ jʊɑˈkɑʊjɪ!]
Estou só a brincar.	**Aš juokáuju.**
	[ˈaʃ jʊɑˈkɑʊjʊ.]

Está a falar a sério?	**Aȓ tù rimtaì?**
	[ar ˈtʊ rʲɪmˈtʌɪ?]
Estou a falar a sério.	**Aš rimtaì.**
	[ˈaʃ rʲɪmˈtʌɪ.]
De verdade?!	**Tikraì?**
	[tʲɪkˈrʌɪ?]
Incrível!	**Neįtikétina!**
	[nʲɛɪˈtʲɪˈkʲeːtʲɪna!]
Não acredito.	**Nètikiu.**
	[ˈnʲɛtʲɪkʲʊ.]
Não posso.	**Aš negaliù.**
	[ˈaʃ nʲɛgaˈlʲʊ.]
Não sei.	**Nežinaũ.**
	[nʲɛʒʲɪˈnɑʊ.]
Não entendo o que está a dizer.	**Nesuprantù tavę̃s.**
	[nʲɛsʊpranˈtʊ taˈvʲɛːs.]

Saia, por favor.

Prašau atstók.
[pra'ʃɑʊ ats'tok.]

Deixe-me em paz!

Palìk manè víeną!
[pa'lʲɪk ma'nʲɛ 'vʲiɛna:!]

Eu não o suporto.

Àš negaliù jõ pakę̀st.
['aʃ nʲɛga'lʲʊ jɔ: pa'kʲɛ:st.]

Você é detestável!

Tù šlykštùs!
['tʊ ʃlʲiːkʃtʊs!]

Vou chamar a polícia!

Àš iškviẽsiu polìciją!
['aʃ iʃkʲ'vʲɛsʲʊ po'lʲɪtsʲɪja:!]

Partilha de impressões. Emoções

Gosto disto.	**Mán patiñka.** ['man pa'tʲɪŋka.]
É muito simpático.	**Labaĩ grãžù.** [lʲa'bʌɪ gra'ʒʊ.]
Fixe!	**Puikù!** [pʊi'kʊ!]
Não é mau.	**Neblogaĩ.** [nʲɛblʲo'gʌɪ.]
Não gosto disto.	**Mán nepatiñka.** ['man nʲɛpa'tʲɪŋka.]
Isso não está certo.	**Taĩ nẽrà geraĩ.** ['tʌɪ nʲeː'ra ge'rʌɪ.]
Isso é mau.	**Taĩ blogaĩ.** ['tʌɪ blʲogʌɪ.]
Isso é muito mau.	**Taĩ labaĩ blogaĩ.** ['tʌɪ lʲa'bʌɪ blʲo'gʌɪ.]
Isso é asqueroso.	**Taĩ šlykštù.** [tʌɪ ʃlʲiːkʃ'tʊ.]
Estou feliz.	**Àš laimìngas /laimìnga/.** ['aʃ lʲʌɪ'mʲɪngas /lʲʌɪ'mʲɪnga/.]
Estou contente.	**Àš paténkintas /paténkinta/.** ['aʃ pa'tʲɛŋkʲɪntas /patʲɛŋkʲɪnta/.]
Estou apaixonado /apaixonada/.	**Àš ịsimyléjęs /ịsimyléjusi/.** ['aʃ iːsʲɪmʲɪːʲlʲeːjɛːs /iːsʲɪmʲɪːʲlʲeːjʊsʲɪ/.]
Estou calmo /calma/.	**Àš ramùs /ramì/.** ['aʃ ra'mʊs /ra'mʲɪ/.]
Estou aborrecido /aborrecida/.	**Mán nuobodù.** ['man nʊɑbo'dʊ.]
Estou cansado /cansada/.	**Àš pavar̃gęs /pavar̃gusi/.** ['aʃ pa'vargʲɛːs /pa'vargʊsʲɪ/.]
Estou triste.	**Mán liūdnà.** ['man 'lʲuːd'na.]
Estou apavorado /apavorada/.	**Àš išsigañdęs /išsigañdusi/.** ['aʃ iʃsʲɪ'gandʲɛːs /iʃsʲɪ'gandʊsʲɪ/.]
Estou zangado /zangada/.	**Àš supỹkęs /supỹkusi/.** ['aʃ sʊ'pʲiːkʲɛːs /sʊ'pʲiːkʊsʲɪ/.]
Estou preocupado /preocupada/.	**Àš susirū̃pinęs /susirū̃pinusi/.** ['aʃ sʊsʲɪ'ruːpʲɪnʲɛːs /sʊsʲɪ'ruːpʲɪnʊsʲɪ/.]
Estou nervoso /nervosa/.	**Àš susinèrvinęs /susinèrvinusi/.** ['aʃ sʊsʲɪ'nʲɛrvʲɪnʲɛːs /sʊsʲɪ'nʲɛrvʲɪnʊsʲɪ/.]

Estou ciumento /ciumenta/.

Àš pavýdžiu.
['aʃ pa'vʲiːdʒʲʊ.]

Estou surpreendido /surpreendida/.

Àš nustēbęs /nustēbusi/.
['aʃ nʊstʲæbʲɛ:s /nʊstʲæbʊsʲɪ/.]

Estou perplexo /perplexa/.

Àš sumìšęs /sumìšusi/.
['aʃ sʊ'mʲɪʃɛ:s /sʊ'mʲɪʃʊsʲɪ/.]

Problemas. Acidentes

Tenho um problema.	**Atsitiko problemà.** [atsʲɪ'tʲɪkɔ problʲɛ'ma.]
Temos um problema.	**Mẽs tùrime problemà.** ['mʲæs 'turʲɪmʲɛ problʲɛ'ma.]

Estou perdido.	**Àš pasiklýdau.** ['aʃ pasʲɪk'lʲiː'dɑʊ.]
Perdi o último autocarro.	**Nespéjau į̃ paskutìnį autobùsą (traukinį).** [nʲɛs'pʲeːjɛʊ iː pasku'tʲɪːnʲɪ ɑʊto'busa: ('traʊkʲɪnʲɪː).]
Não me resta nenhum dinheiro.	**Nebeturiù pinigų̃.** [nʲɛbʲɛtʊ'rʲʊ pʲɪnʲɪ'gu:.]

Eu perdi ...	**Àš pàmečiau ...** ['aʃ 'pamʲɛtʂʲɛʊ ...]
Roubaram-me ...	**Kažkàs pàvogė màno ...** [kaʒ'kas 'pavogʲe: 'manɔ ...]
o meu passaporte	**pãsą** ['paːsaː]
a minha carteira	**piniginę** [pʲɪnʲɪ'gʲɪnʲɛː]
os meus papéis	**dokumentùs** [dokumʲɛn'tʊs]
o meu bilhete	**bìlietą** ['bʲɪlʲiɛta:]

o dinheiro	**pìnigus** ['pʲɪnʲɪgʊs]
a minha mala	**rañkinę** ['raŋkʲɪnʲɛː]
a minha camara	**fotoaparãtą** [fotoapa'raːtaː]
o meu computador	**nešiójamają̃ kompiùterį** [nʲɛ'ʃojamaːjiː kom'pʲʊtʲɛrʲɪː]
o meu tablet	**planšètinį kompiùterį** [plʲan'ʃɛtʲɪnʲɪː kom'pʲʊtʲɛrʲiː]
o meu telemóvel	**mobìlują̃ telefòną** [mo'bʲɪluːjiː tʲɛlʲɛ'fona:]

Ajude-me!	**Padékite mán!** [pa'dʲeːkʲɪte 'man!]
O que é que aconteceu?	**Kàs atsitìko?** ['kas atsʲɪ'tʲɪko?]

fogo	**gaĩsras** [ˈgʌɪsras]
tiroteio	**kažkàs šáudė** [kaʒˈkas ˈʃɑʊdʲeː]
assassínio	**žmogžudỹstė** [ʒmogʒʊˈdʲiːstʲeː]
explosão	**sprogìmas** [sproˈgʲɪmas]
briga	**muštỹnės** [mʊʃˈtʲiːnʲeːs]

Chame a polícia!	**Kviẽskite polìciją!** [ˈkvʲɛskʲɪtʲɛ poˈlʲɪtsʲɪjaː!]
Mais depressa, por favor!	**Prašaũ, paskubékite!** [praˈʃɑʊ, paskʊˈbʲeːkʲɪtʲe!]
Estou à procura de uma esquadra de polícia.	**Íeškau polìcijos skỹriaus.** [ˈɪʃkɑʊ poˈlʲɪtsɪjos ˈskʲiːrʲɛʊs.]
Preciso de telefonar.	**Mán reìkia paskambìnti.** [ˈman ˈrʲɛɪkʲɛ pasˈkambʲɪntʲɪ.]
Posso telefonar?	**Aĩ galiù pasinaudóti jū́sų telefonù?** [ar gaˈlʲʊ pasʲɪnɑʊˈdotʲɪ ˈjuːsu: tʲɛlʲɛfoˈnʊ?]

Fui …	**Manè …** [maˈnʲɛ …]
assaltado /assaltada/	**apiplḗšė** [apʲɪˈplʲeːʃeː]
roubado /roubada/	**àpvogė** [ˈapvogʲeː]
violada	**išprievartãvo** [ɪʃprʲɪɛvarˈtaːvɔ]
atacado /atacada/	**užpúolė** [ʊʒˈpʊolʲeː]

Está tudo bem consigo?	**Aĩ vìskas geraĩ?** [ar ˈvʲɪskas gʲɛˈrʌɪ?]
Viu quem foi?	**Aĩ mãtėte, kàs taĩ bùvo?** [ar ˈmaːtʲeːte, ˈkas tʌɪ ˈbʊvo?]
Seria capaz de reconhecer a pessoa?	**Aĩ sugebétumėte atpažìnti tą̃ žmogų?** [ar sʊgeˈbʲeːtʊmʲeːte atpaˈʒʲɪntʲɪ taː ˈʒmoguː?]
Tem a certeza?	**Aĩ jū̃s tìkras /tikrà/?** [ar ˈjuːs tʲɪkras /tʲɪkˈra/?]

Acalme-se, por favor.	**Prašaũ, nurìmkite.** [praˈʃɑʊ, nʊˈrʲɪmkʲɪtʲɛ.]
Calma!	**Ramiaũ!** [raˈmʲɛʊ!]
Não se preocupe.	**Nesijáudinkite!** [nʲɛsʲɪˈjɑʊdʲɪŋkʲɪtʲɛ!]
Vai ficar tudo bem.	**Vìskas bùs geraĩ.** [ˈvʲɪskas ˈbʊs gʲɛˈrʌɪ.]

Está tudo em ordem.

Viskas gerai.
['vʲɪskas gʲɛ'rʌɪ.]

Chegue aqui, por favor.

Prašau, ateikite čia.
[pra'ʃɑʊ, a'tʲɛɪkʲɪtʲɛ tʃʲæ.]

Tenho algumas questões a colocar-lhe.

Turiu jums keletą klausimų.
[tʊ'rʲʊ 'jʊms 'kʲælʲɛta: 'klɑʊsʲɪmu:.]

Aguarde um momento, por favor.

Prašau truputį palaukti.
[pra'ʃɑʊ trʊ'pʊtʲɪ: pa'lʲɑʊktʲɪ.]

Tem alguma identificação?

Ar turite kokiùs nórs asmeñs dokumentus?
[ar 'tʊrʲɪtʲɛ ko'kʲʊs 'nors as'mʲɛns dokʊmʲɛn'tʊs?]

Obrigado. Pode ir.

Ačiū. Galite eiti.
['a:tʃʲuː. 'ga:lʲɪtʲɛ 'ɛɪtʲɪ.]

Mãos atrás da cabeça!

Rankas už galvos!
[raŋ'kas 'ʊʒ galʲvo:s!]

Você está preso!

Jūs suimamas!
['juːs 'sʊimamas!]

Problemas de saúde

Ajude-me, por favor.
Prašaũ, padékite mán.
[pra'ʃɑʊ, padʲe:kʲɪte 'man.]

Não me sinto bem.
Mán blogà.
['man blʲo'ga.]

O meu marido não se sente bem.
Mãno výrui blogà.
['ma:nɔ 'vʲi:rʊɪ blʲo'ga.]

O meu filho ...
Mãno sũnui ...
['manɔ 'su:nʊɪ ...]

O meu pai ...
Mãno tévui ...
['manɔ 'tʲe:vʊɪ ...]

A minha mulher não se sente bem.
Mãno žmónai blogà.
['manɔ 'ʒmonʌɪ blʲo'ga.]

A minha filha ...
Mãno dùkrai ...
['manɔ 'dʊkrʌɪ ...]

A minha mãe ...
Mãno mãmai ...
['manɔ 'ma:mʌɪ ...]

Tenho uma ...
Mán ...
['man ...]

dor de cabeça
skaũda gálvą
['skɑʊda 'galʲva:]

dor de garganta
skaũda gérklę
['skɑʊda 'gʲɛrklʲɛ:]

dor de barriga
skaũda skrañdį
['skɑʊda 'skrandʲɪ:]

dor de dentes
skaũda dañtį
['skɑʊda 'danti:]

Estou com tonturas.
Mán svaĩgsta galvà.
['man 'svʌɪgsta galʲ'va.]

Ele está com febre.
Jìs karščiúoja.
[jɪs karʃ'tʃʲʊo:jɛ.]

Ela está com febre.
Jì karščiúoja.
[jɪ karʃ'tʃʲʊo:jɛ.]

Não consigo respirar.
Negaliù kvépúoti.
[nʲɛga'lʲʊ kvʲe:'pʊotʲɪ.]

Estou a sufocar.
Mán sunkù kvépúoti.
['man sʊŋ'kʊ kvʲe:'pʊotʲɪ.]

Sou asmático /asmática/.
Sergù astmà.
[sʲɛr'gʊ ast'ma.]

Sou diabético /diabética/.
Sergù diabetù.
[sʲɛr'gʊ dʲæbʲɛ'tʊ.]

Estou com insónia.

Negaliu užmigti.
[nʲɛga'lʲʊ ʊʒ'mʲɪktʲɪ.]

intoxicação alimentar

apsinuõdijimas maistù
[apsʲɪ'nʊɑdʲɪjimas mʌɪs'tʊ]

Dói aqui.

Skaũda čià.
['skɑʊda 'tʂʲæ.]

Ajude-me!

Padékite mán!
[pa'dʲe:kʲɪte 'man!]

Estou aqui!

Àš čià!
['aʃ tʂʲæ!]

Estamos aqui!

Mès čià!
['mʲæs tʂʲæ!]

Tirem-me daqui!

Ištráukite manè ìš čià!
[ɪʃ'trɑʊkʲɪtʲɛ ma'nʲɛ ɪʃ tʂʲæ!]

Preciso de um médico.

Mán reìkia dãktaro.
['man 'rʲɛɪkʲɛ 'da:ktarɔ.]

Não me consigo mexer.

Negaliu pajudéti.
[nʲɛga'lʲʊ pajʊ'dʲe:tʲɪ.]

Não consigo mover as pernas.

Negaliu pajùdinti kójų.
[nʲɛga'lʲʊ pa'jʊdʲɪntʲɪ 'koju:.]

Estou ferido.

Àš sužeistas /sužeistà/.
['aʃ 'sʊʒʲɛɪstas /sʊʒʲɛɪs'ta/.]

É grave?

Ar žaizdà sunkì?
[ar ʒʌɪz'da sʊŋ'kɪ?]

Tenho os documentos no bolso.

Mãno dokumeñtai kišēnéje.
['ma:nɔ dokʊ'mentʌɪ kʲɪ'ʃænʲe:je.]

Acalme-se!

Nurìmkite!
[nʊrʲɪmkʲɪtʲɛ!]

Posso telefonar?

Ar galiu pasinaudóti jũsų telefonù?
[ar ga'lʲʊ pasʲɪnɑʊ'dotʲɪ 'ju:su: tʲɛlʲɛfo'nʊ?]

Chame uma ambulância!

Kvìeskite greĩtają!
['kvʲɛskʲɪtʲɛ 'grʲɛɪta:ja:!]

É urgente!

Taì skubù!
['tʌɪ skʊ'bʊ!]

É uma emergência!

Taí skubùs ãtvejis!
['tʌɪ skʊ'bʊs 'a:tvʲɛjis!]

Mais depressa, por favor!

Prašaũ, paskubékite!
[pra'ʃɑʊ, paskʊ'bʲe:kʲɪte!]

Chame o médico, por favor.

Ar gãlite iškvìesti dãktarą?
[ar 'ga:lʲɪtʲɛ iʃk'vʲɛstʲɪ 'da:ktara:?]

Onde fica o hospital?

Kuř ligóninė?
['kʊr lʲɪ'gonʲɪnʲe:?]

Como se sente?

Kaìp jaũčiatės?
['kʌɪp 'jɛʊtʂʲætʲe:s?]

Está tudo bem consigo?

Ar vìskas geraì?
[ar 'vʲɪskas gʲɛ'rʌɪ?]

O que é que aconteceu?

Kàs atsitìko?
['kas atsʲɪ'tʲɪko?]

Já me sinto melhor.

Jaučiúosi geriaũ.
[jɛu'tʂʲʊosʲɪ gʲɛ'rʲɛu.]

Está tudo em ordem.

Vìskas tvarkojè.
['vʲɪskas tvarko'jæ.]

Tubo bem.

Vìskas geraĩ.
['vʲɪskas gʲɛ'rʌɪ.]

Na farmácia

farmácia	**vaistinė** [ˈvʌɪstʲɪnʲeː]
farmácia de serviço	**vìsą parą dìrbanti vaistinė** [ˈvʲɪsa: ˈpa:ra: ˈdʲɪrbantʲɪ ˈvʌɪstʲɪnʲeː]
Onde fica a farmácia mais próxima?	**Kur̃ yrà artimiáusia vaistinė?** [ˈkʊr iːˈra artʲɪˈmʲæʊsʲɛ ˈvʌɪstʲɪnʲeː?]

Está aberto agora?	**Ar̃ jì dabar̃ dìrba?** [ar jɪ daˈbar ˈdʲɪrba?]
A que horas abre?	**Kadà jì atsidãro?** [kaˈda jɪ atsʲɪˈda:ro?]
A que horas fecha?	**Kadà jì užsidãro?** [kaˈda jɪ ʊʒsʲɪˈda:ro?]

Fica longe?	**Ar̃ jì tòli?** [ar jɪ ˈto:lʲɪ?]
Posso ir até lá a pé?	**Ar̃ galiù nueĩti teñ pėsčiomìs?** [ar gaˈlʲʊ ˈnʊʲɛɪtʲɪ ten pʲeːstʂʲoˈmʲɪs?]
Pode-me mostrar no mapa?	**Ar̃ gãlite paródyti žemélapyje?** [ar ˈga:lʲɪte paˈrodʲi:tʲɪ ʒeˈmʲeːlapʲɪje?]

Por favor dê-me algo para ...	**Dúokite mán kažką nuõ ...** [ˈdʊokʲɪtʲɛ ˈman kaʒˈka: nʊɑ ...]
as dores de cabeça	**galvõs skaũsmo** [galʲˈvoːs ˈskɑʊsmɔ]
a tosse	**kosùlio** [kɔˈsʊlʲɔ]
o resfriado	**péršalimo** [ˈpʲɛrʃalʲɪmɔ]
a gripe	**grìpo** [ˈgrʲɪpɔ]

a febre	**karščiãvimo** [karʃˈtʂʲævʲɪmɔ]
uma dor de estômago	**skrañdžio skaũsmo** [ˈskrandʒʲɔ ˈskɑʊsmɔ]
as náuseas	**pỹkinimo** [ˈpʲiːkʲɪnʲɪmɔ]
a diarreia	**viduriãvimo** [vʲɪdʊˈrʲævʲɪmɔ]
a constipação	**vidurių̃ užkietėjimo** [vʲɪdʊˈrʲuː ʊʒkʲɪɛˈtʲɛjɪmɔ]
as dores nas costas	**nùgaros skaũsmo** [ˈnʊgaros ˈskɑʊsmɔ]

as dores no peito   **krutinės skausmo**
[krʊtʲɪˈnʲeːs ˈskɑʊsmɔ]

a sutura   **šóno diegìmo**
[ˈʃɔnɔ dʲiɛˈgʲɪmɔ]

as dores abdominais   **pílvo skaūsmo**
[ˈpʲɪlʲvɔ ˈskɑʊsmɔ]

---

comprimido   **tabletė**
[tabˈlʲɛtʲeː]

unguento, creme   **tēpalas, krèmas**
[ˈtʲæpalʲas, ˈkrʲɛmas]

charope   **sìrupas**
[ˈsʲɪrʊpas]

spray   **purškalas**
[ˈpʊrʃkalʲas]

dropes   **lašai**
[lʲaˈʃʌɪ]

Você precisa de ir ao hospital.   **Jùms reĩkia į̃ ligóninę.**
[ˈjʊms ˈrʲɛɪkʲɛ iː lʲɪˈgonʲɪnʲɛː.]

seguro de saúde   **sveikātos draudìmas**
[svʲɛɪˈkaːtos drɑʊˈdʲɪmas]

prescrição   **váisto recèptas**
[ˈvʌɪstɔ rʲɛˈtsʲɛptas]

repelente de insetos   **vabzdžių̃ repeleñtas**
[vabzˈdʒʲuː rʲɛpʲɛˈlʲɛntas]

penso rápido   **pleĩstras**
[ˈplʲɛɪstras]

O mínimo

Desculpe, ... **Atsiprašaũ, ...**
[atsʲɪpraˈʃɑʊ, ...]

Olá! **Sveikì.**
[svʲɛɪˈkʲɪ.]

Obrigado /Obrigada/. **Āčiū.**
[ˈaːtʂʲuː.]

Adeus. **Ikì.**
[ɪˈkʲɪ.]

Sim. **Taĩp.**
[ˈtʌɪp.]

Não. **Nè.**
[ˈnʲɛ.]

Não sei. **Nežinaũ.**
[nʲɛʒʲɪˈnɑʊ.]

Onde? | Para onde? | Quando? **Kuř? | Kur? | Kadà?**
[ˈkʊr? | ˈkʊr? | kaˈda?]

Preciso de ... **Mán reĩkia ...**
[ˈman ˈrʲɛɪkʲɛ ...]

Eu queria ... **Nóriu ...**
[ˈnorʲʊ ...]

Tem ...? **Ař tùrite ...?**
[ar ˈtʊrʲɪtʲɛ ...?]

Há aqui ...? **Ař čià yrà ...?**
[ar ˈtʂʲæ iːˈra ...?]

Posso ...? **Ař galiù ...?**
[ar gaˈlʲʊ ...?]

..., por favor **Prašaũ ...**
[praˈʃɑʊ ...]

Estou à procura de ... **Íeškau ...**
[ˈɪɛʃkɑʊ ...]

casa de banho **tualèto**
[tʊaˈlʲɛtɔ]

Multibanco **bankomãto**
[baŋkoˈmaːtɔ]

farmácia **vaístinės**
[ˈvʌɪstʲɪnʲeːs]

hospital **ligóninės**
[lʲɪˈgonʲɪnʲeːs]

esquadra de polícia **polìcijos skỹriaus**
[poˈlʲɪtsɪjɔs ˈskʲiːrʲɛʊs]

metro **metrò**
[mʲɛˈtro]

táxi	**taksi** [tak'sʲɪ]
estação de comboio	**traukinių̃ stotiẽs** [trɑʊkʲɪ'nʲu: sto'tʲɛs]

Chamo-me ...	**Mãno vařdas ...** ['ma:nɔ 'vardas ...]
Como se chama?	**Kuõ jũs vardù?** ['kʊɑ 'ju:s var'dʊ?]
Pode-me dar uma ajuda?	**Atsiprašaũ, ař gãlite padéti?** [atsʲɪpra'ʃɑʊ, ar 'ga:lʲɪte pa'dʲe:tʲɪ?]
Tenho um problema.	**Atsitìko problemà.** [atsʲɪ'tʲɪkɔ problʲɛ'ma.]
Não me sinto bem.	**Mán blogà.** ['man blʲo'ga.]
Chame a ambulância!	**Kviẽskite greĩtają!** ['kvʲɛskʲɪtʲɛ 'grʲɛɪta:ja:!]
Posso fazer uma chamada?	**Ař galiù paskam̃binti?** [ar ga'lʲʊ pas'kambʲɪntʲɪ?]

Desculpe.	**Atsiprašaũ.** [atsʲɪpra'ʃɑʊ.]
De nada.	**Nėrà už ką̃.** [nʲe:'ra 'ʊʒ ka:.]

---

eu	**àš** ['aʃ]
tu	**tù** ['tʊ]
ele	**jìs** [jɪs]
ela	**jì** [jɪ]
eles	**jiẽ** ['jiɛ]
elas	**jõs** ['jɔ:s]
nós	**mẽs** ['mʲæs]
vocês	**jũs** ['ju:s]
você	**Jũs** ['ju:s]

ENTRADA	**ĮĖJÌMAS** [i:'ʲɛ:'jɪmas]
SAÍDA	**IŠĖJÌMAS** [ɪʃe:'jɪmas]
FORA DE SERVIÇO	**NEVEĨKIA** [nʲɛ'vʲɛɪkʲɛ]
FECHADO	**UŽDARÝTA** [ʊʒda'rʲi:ta]

ABERTO **ATIDARÝTA**
[atʲɪda'rʲiːta]

PARA SENHORAS **MÓTERŲ**
['motʲɛruː]

PARA HOMENS **VÝRŲ**
['vʲiːruː]

MINI DICIONÁRIO

Esta secção contém 250
palavras úteis necessárias
para a comunicação do dia
a dia. Irá encontrar aqui os
nomes dos meses e dias
da semana. O dicionário
contém também temas como
cores, medidas, família e
muito mais

T&P Books Publishing

CONTEÚDO DO DICIONÁRIO

T&P Books Publishing

1. Tempo. Calendário

tempo (m)	laĩkas (v)	['lʲʌɪkas]
hora (f)	valandà (m)	[valʲan'da]
meia hora (f)	pùsvalandis (v)	['pusvalʲandʲɪs]
minuto (m)	minùtė (m)	[mʲɪ'nutʲe:]
segundo (m)	sekùndė (m)	[sʲɛ'kundʲe:]
hoje	šiañdien	['ʃændʲiɛn]
amanhã	rytój	[rʲi:'toj]
ontem	vãkar	['va:kar]
segunda-feira (f)	pirmãdienis (v)	[pʲɪr'ma:dʲiɛnʲɪs]
terça-feira (f)	antrãdienis (v)	[an'tra:dʲiɛnʲɪs]
quarta-feira (f)	trečiãdienis (v)	[trʲɛ'tʂʲædʲiɛnʲɪs]
quinta-feira (f)	ketvirtãdienis (v)	[kʲɛtvʲɪr'ta:dʲiɛnʲɪs]
sexta-feira (f)	penktãdienis (v)	[pʲɛŋk'ta:dʲiɛnʲɪs]
sábado (m)	šeštãdienis (v)	[ʃɛʃ'ta:dʲiɛnʲɪs]
domingo (m)	sekmãdienis (v)	[sʲɛk'ma:dʲiɛnʲɪs]
dia (m)	dienà (m)	[dʲiɛ'na]
dia (m) de trabalho	dárbo dienà (m)	['darbo dʲiɛ'na]
feriado (m)	šveñtinė dienà (m)	['ʃvɛntʲɪnʲe: dʲiɛ'na]
fim (m) de semana	saváitgalis (v)	[sa'vʌɪtgalʲɪs]
semana (f)	saváitė (m)	[sa'vʌɪtʲe:]
na semana passada	prãeitą saváitę	['praʲɛɪta: sa'vʌɪtʲɛ:]
na próxima semana	ateĩnančią saváitę	[a'tʲɛɪnantʂʲæ: sa'vʌɪtʲɛ:]
de manhã	rytè	[rʲi:'tʲɛ]
à tarde	popiẽt	[po'pʲɛt]
à noite (noitinha)	vakarè	[vaka'rʲɛ]
hoje à noite	šiañdien vakarè	['ʃændʲiɛn vaka'rʲɛ]
à noite	nãktį	['na:ktʲi:]
meia-noite (f)	vidùrnaktis (v)	[vʲɪ'durnaktʲɪs]
janeiro (m)	saũsis (v)	['sɑʊsʲɪs]
fevereiro (m)	vasãris (v)	[vɑ'sɐ:rʲɪs]
março (m)	kõvas (v)	[ko'vas]
abril (m)	balañdis (v)	[ba'lʲandʲɪs]
maio (m)	gegužė̃ (m)	[gʲɛgʊ'ʒʲe:]
junho (m)	biržẽlis (v)	[bʲɪr'ʒʲælʲɪs]
julho (m)	líepa (m)	['lʲiɛpa]
agosto (m)	rugpjū́tis (v)	[rʊg'pju:tʲɪs]

setembro (m)	rugsėjis (v)	[rʊg'sʲɛjɪs]
outubro (m)	spālis (v)	['spa:lʲɪs]
novembro (m)	lāpkritis (v)	['lʲa:pkrʲɪtʲɪs]
dezembro (m)	grúodis (v)	['grʊɑdʲɪs]

na primavera	pavãsarį	[pa'va:sarʲɪ:]
no verão	vãsarą	['va:sara:]
no outono	rùdenį	['rʊdʲɛnʲɪ:]
no inverno	žiẽmą	['ʒʲɛma:]

mês (m)	ménuo (v)	['mʲe:nʊɑ]
estação (f)	sezònas (v)	[sʲɛ'zonas]
ano (m)	mẽtai (v dgs)	['mʲætʌɪ]

2. Números. Numeração

zero	nùlis	['nʊlʲɪs]
um	víenas	['vʲiɛnas]
dois	dù	['dʊ]
três	trìs	['trʲɪs]
quatro	keturì	[kʲɛtʊ'rʲɪ]

cinco	penkì	[pʲɛŋ'kʲɪ]
seis	šešì	[ʃɛ'ʃɪ]
sete	septynì	[sʲɛptʲi:'nʲɪ]
oito	aštuonì	[aʃtʊɑ'nʲɪ]
nove	devynì	[dʲɛvʲi:'nʲɪ]
dez	dẽšimt	['dʲæʃɪmt]

onze	vienúolika	[vʲiɛ'nʊɑlʲɪka]
doze	dvýlika	['dvʲi:lʲɪka]
treze	trýlika	['trʲi:lʲɪka]
catorze	keturiólika	[kʲɛtʊ'rʲolʲɪka]
quinze	penkiólika	[pʲɛŋ'kʲolʲɪka]

dezasseis	šešiólika	[ʃɛ'ʃolʲɪka]
dezassete	septyniólika	[sʲɛptʲi:'nʲolʲɪka]
dezoito	aštuoniólika	[aʃtʊɑ'nʲolʲɪka]
dezanove	devyniólika	[dʲɛvʲi:'nʲolʲɪka]

vinte	dvìdešimt	['dvʲɪdʲɛʃɪmt]
trinta	trìsdešimt	['trʲɪsdʲɛʃɪmt]
quarenta	kēturiasdešimt	['kʲætʊrʲæsdʲɛʃɪmt]
cinquenta	peñkiasdešimt	['pʲɛŋkʲæsdʲɛʃɪmt]

sessenta	šẽšiasdešimt	['ʃæʃæsdʲɛʃɪmt]
setenta	septýniasdešimt	[sʲɛp'tʲi:nʲæsdʲɛʃɪmt]
oitenta	aštúoniasdešimt	[aʃ'tʊɑnʲæsdʲɛʃɪmt]
noventa	devýniasdešimt	[dʲɛ'vʲi:nʲæsdʲɛʃɪmt]
cem	šim̃tas	['ʃɪmtas]

duzentos	dù šimtaì	['dʊ ʃɪm'tʌɪ]
trezentos	trìs šimtaì	['trʲɪs ʃɪm'tʌɪ]
quatrocentos	keturì šimtaì	[kʲɛtʊ'rʲɪ ʃɪm'tʌɪ]
quinhentos	penkì šimtaì	[pʲɛŋ'kʲɪ ʃɪm'tʌɪ]

seiscentos	šešì šimtaì	[ʃɛ'ʃɪ ʃɪm'tʌɪ]
setecentos	septynì šimtaì	[sʲɛptʲiːnʲɪ 'ʃɪmtʌɪ]
oitocentos	aštuonì šimtaì	[aʃtʊɑ'nʲɪ ʃɪm'tʌɪ]
novecentos	devynì šimtaì	[dʲɛvʲiːnʲɪ ʃɪm'tʌɪ]
mil	tū̃kstantis	['tuːkstantʲɪs]

| dez mil | dẽšimt tū̃kstančių | ['dʲæʃɪmt 'tuːkstantʂʲuː] |
| cem mil | šim̃tas tū̃kstančių | ['ʃɪmtas 'tuːkstantʂʲuː] |

| um milhão | milijõnas (v) | [mʲɪlʲɪ'joːnas] |
| mil milhões | milijárdas (v) | [mʲɪlʲɪ'jardas] |

3. Humanos. Família

homem (m)	výras (v)	['vʲiːras]
jovem (m)	jaunuõlis (v)	[jɛʊ'nʊɑlʲɪs]
mulher (f)	móteris (m)	['motʲɛrʲɪs]
rapariga (f)	panẽlė (m)	[pa'nʲælʲeː]
velhote (m)	sẽnis (v)	['sʲænʲɪs]
velhota (f)	sẽnė (m)	['sʲænʲeː]

mãe (f)	mótina (m)	['motʲɪna]
pai (m)	tévas (v)	['tʲeːvas]
filho (m)	sūnùs (v)	[suː'nʊs]
filha (f)	dukrà, duktė̃ (m)	[dʊk'ra], [dʊk'tʲeː]
irmão (m)	brólis (v)	['brolʲɪs]
irmã (f)	sesuõ (m)	[sʲɛ'sʊɑ]

pais (pl)	tėvaĩ (v)	[tʲeː'vʌɪ]
criança (f)	vaìkas (v)	['vʌɪkas]
crianças (f pl)	vaikaì (v)	[vʌɪ'kʌɪ]
madrasta (f)	pãmotė (m)	['pa:motʲeː]
padrasto (m)	patévis (v)	[pa'tʲeːvʲɪs]

avó (f)	senẽlė (m)	[sʲɛ'nʲælʲeː]
avô (m)	senẽlis (v)	[sʲɛ'nʲælʲɪs]
neto (m)	anū̃kas (v)	[a'nuːkas]
neta (f)	anū̃kė (m)	[a'nuːkʲeː]
netos (pl)	anū̃kai (v)	[a'nuːkʌɪ]

tio (m)	dė̃dė (v)	['dʲeːdʲeː]
tia (f)	tetà (f)	[tʲɛ'ta]
sobrinho (m)	sūnénas (v)	[suː'nʲeːnas]
sobrinha (f)	dukterė́čia (m)	[dʊktɛ'rʲeːtʂʲæ]
mulher (f)	žmonà (m)	[ʒmo'na]

marido (m)	výras (v)	['vʲi:ras]
casado	vẽdęs	['vʲædʲɛ:s]
casada	ištekėjusi	[ɪʃtʲɛ'kʲe:jusʲɪ]
viúva (f)	našlẽ (m)	[naʃʲlʲe:]
viúvo (m)	našlỹs (v)	[naʃʲlʲi:s]

| nome (m) | vardas (v) | ['vardas] |
| apelido (m) | pavardẽ (m) | [pavar'dʲe:] |

parente (m)	giminaitis (v)	[gʲɪmʲɪ'nʌɪtʲɪs]
amigo (m)	draũgas (v)	['drɑʊgas]
amizade (f)	draugỹstė (m)	[drɑʊ'gʲi:stʲe:]

parceiro (m)	partneris (v)	['partnʲɛrʲɪs]
superior (m)	vĩršininkas (v)	['vʲɪrʃʲɪnʲɪŋkas]
colega (m)	kolegà (v)	[kɔlʲɛ'ga]
vizinhos (pl)	kaimýnai (v)	[kʌɪ'mʲi:nʌɪ]

4. Corpo humano

corpo (m)	kũnas (v)	['ku:nas]
coração (m)	širdìs (m)	[ʃɪr'dʲɪs]
sangue (m)	kraũjas (v)	['krɑʊjas]
cérebro (m)	smẽgenys (v dgs)	['smʲægʲɛnʲi:s]

osso (m)	kaulas (v)	['kɑʊlʲas]
coluna (f) vertebral	stùburas (v)	['stuburas]
costela (f)	šónkaulis (v)	['ʃɔŋkɑʊlʲɪs]
pulmões (m pl)	plaũčiai (v)	['plʲɑʊtʂʲɛɪ]
pele (f)	óda (m)	['oda]

cabeça (f)	galvà (m)	[galʲ'va]
cara (f)	veidas (v)	['vʲɛɪdas]
nariz (m)	nósis (m)	['nosʲɪs]
testa (f)	kaktà (m)	[kak'ta]
bochecha (f)	skrúostas (v)	['skrʊɑstas]

boca (f)	burnà (m)	[bʊr'na]
língua (f)	liežuvis (v)	[lʲiɛ'ʒʊvʲɪs]
dente (m)	dantìs (v)	[dan'tʲɪs]
lábios (m pl)	lũpos (m dgs)	['lʲu:pos]
queixo (m)	smãkras (v)	['sma:kras]

orelha (f)	ausìs (m)	[ɑʊ'sʲɪs]
pescoço (m)	kãklas (v)	['ka:klʲas]
olho (m)	akìs (m)	[a'kʲɪs]
pupila (f)	vyzdỹs (v)	[vʲi:z'dʲi:s]
sobrancelha (f)	añtakis (v)	['antakʲɪs]
pestana (f)	blakstíena (m)	[blʲak'stʲiɛna]
cabelos (m pl)	plaukaĩ (v dgs)	[plʲɑʊ'kʌɪ]

penteado (m)	šukúosena (m)	[ʃʊˈkʊɑsʲɛna]
bigode (m)	ũsai (v dgs)	[ˈuːsʌɪ]
barba (f)	barzdà (m)	[barzˈda]
usar, ter (~ barba, etc.)	nešióti	[nʲɛˈʃʲotʲɪ]
calvo	plìkas	[ˈplʲɪkas]

mão (f)	plãštaka (m)	[ˈplʲaːʃtaka]
braço (m)	rankà (m)	[raŋˈka]
dedo (m)	pírštas (v)	[ˈpʲɪrʃtas]
unha (f)	nãgas (v)	[ˈnaːgas]
palma (f) da mão	délnas (v)	[ˈdʲɛlʲnas]

ombro (m)	petìs (v)	[pʲɛˈtʲɪs]
perna (f)	kója (m)	[ˈkoja]
joelho (m)	kẽlias (v)	[ˈkʲælʲæs]
talão (m)	kulnas (v)	[ˈkuˈlʲnas]
costas (f pl)	nùgara (m)	[ˈnʊgara]

5. Vestuário. Acessórios pessoais

roupa (f)	aprangà (m)	[apranˈga]
sobretudo (m)	páltas (v)	[ˈpalʲtas]
casaco (m) de peles	kailiniaĩ (v dgs)	[kʌɪlʲɪˈrʲnʲɛɪ]
casaco, blusão (m)	striùkė (m)	[ˈstrʲukʲeː]
impermeável (m)	apsiaũstas (v)	[ɑpˈsʲɛʊstas]

camisa (f)	marškiniaĩ (v dgs)	[marʃˈkʲɪˈrʲnʲɛɪ]
calças (f pl)	kélnės (m dgs)	[ˈkʲɛlʲnʲeːs]
casaco (m) de fato	švar̃kas (v)	[ˈʃvarkas]
fato (m)	kostiùmas (v)	[kɔsˈtʲumas]

vestido (ex. ~ vermelho)	suknẽlė (m)	[sʊkˈnʲælʲeː]
saia (f)	sijõnas (v)	[sʲɪˈjɔːnas]
T-shirt, camiseta (f)	fùtbolininko	[ˈfʊtbolʲɪnʲɪŋkɔ
	marškiniaĩ (v)	marʃˈkʲɪrʲnʲɛɪ]

roupão (m) de banho	chalãtas (v)	[xaˈlʲaːtas]
pijama (m)	pižamà (m)	[pʲɪʒaˈma]
roupa (f) de trabalho	dárbo drabùžiai (v)	[ˈdarbɔ draˈbʊʒʲɛɪ]

roupa (f) interior	baltiniaĩ (v dgs)	[balʲˈtʲɪˈrʲnʲɛɪ]
peúgas (f pl)	kójinės (m dgs)	[ˈkoːjɪnʲeːs]
sutiã (m)	liemenẽlė (m)	[lʲɪɛmeˈnʲeːlʲeː]
meias-calças (f pl)	pédkelnės (m dgs)	[ˈpʲɛdkʲɛlʲnʲeːs]
meias (f pl)	kójinės (m dgs)	[ˈkoːjɪnʲeːs]
fato (m) de banho	máudymosi	[ˈmɑʊdʲiːmosʲɪ
	kostiumẽlis (v)	kostʲʊˈmʲeːlʲɪs]

chapéu (m)	kepùrė (m)	[kʲɛˈpʊrʲeː]
calçado (m)	ãvalynė (m)	[ˈaːvalʲiːnʲeː]
botas (f pl)	aulìniai bãtai (v)	[ɑʊˈlʲɪnʲɛɪ ˈbaːtʌɪ]

salto (m)	kulnas (v)	['kuɫnas]
atacador (m)	batraištis (v)	['ba:trʌɪʃtʲɪs]
graxa (f) para calçado	avalynės krėmas (v)	['a:valʲi:nʲe:s 'krʲɛmas]
luvas (f pl)	pirštinės (m dgs)	['pʲɪrʃtʲɪnʲe:s]
mitenes (f pl)	kumštinės (m dgs)	['kumʃtʲɪnʲe:s]
cachecol (m)	šalikas (v)	['ʃa:lʲɪkas]
óculos (m pl)	akiniai (dgs)	[akʲɪ'nʲɛɪ]
guarda-chuva (m)	skėtis (v)	['skʲe:tʲɪs]
gravata (f)	kaklaraištis (v)	[kak'lʲa:rʌɪʃtʲɪs]
lenço (m)	nosinė (m)	['nosʲɪnʲe:]
pente (m)	šukos (m dgs)	['ʃʊkos]
escova (f) para o cabelo	plaukų šepetys (v)	[plʲɑʊ'ku: ʃɛpʲɛ'tʲi:s]
fivela (f)	sagtis (m)	[sak'tʲɪs]
cinto (m)	diržas (v)	['dʲɪrʒas]
bolsa (f) de senhora	rankinukas (v)	[raŋkʲɪ'nʊkas]

6. Casa. Apartamento

apartamento (m)	butas (v)	['bʊtas]
quarto (m)	kambarys (v)	[kamba'rʲi:s]
quarto (m) de dormir	miegamasis (v)	[mʲiɛga'masʲɪs]
sala (f) de jantar	valgomasis (v)	[valʲgo'masʲɪs]
sala (f) de estar	svečių kambarys (v)	[svʲɛ'tʃʲu: kamba'rʲi:s]
escritório (m)	kabinetas (v)	[kabʲɪ'nʲɛtas]
antessala (f)	prieškambaris (v)	['prʲiɛʃkambarʲɪs]
quarto (m) de banho	vonios kambarys (v)	[vo'nʲo:s kamba'rʲi:s]
quarto (m) de banho	tualetas (v)	[tʊa'lʲɛtas]
aspirador (m)	dulkių siurblys (v)	['dʊlʲkʲu: sʲʊr'blʲi:s]
esfregona (f)	plaušinė šluota (m)	[plʲɑʊ'ʃɪnʲe: 'ʃlʲʊata]
pano (m), trapo (m)	skuduras (v)	['skʊdʊras]
vassoura (f)	šluota (m)	['ʃlʲʊata]
pá (f) de lixo	semtuvėlis (v)	[sʲɛmtʊvʲe:lʲɪs]
mobiliário (m)	baldai (v)	['balʲdʌɪ]
mesa (f)	stalas (v)	['sta:lʲas]
cadeira (f)	kėdė (m)	[kʲe:'dʲe:]
cadeirão (m)	fotelis (v)	['fotʲɛlʲɪs]
espelho (m)	veidrodis (v)	['vʲɛɪdrodʲɪs]
tapete (m)	kilimas (v)	['kʲɪlʲɪmas]
lareira (f)	židinys (v)	[ʒʲɪdʲɪ'nʲi:s]
cortinas (f pl)	užuolaidos (m dgs)	[ʊ'ʒʊalʲʌɪdos]
candeeiro (m) de mesa	stalinė lempa (m)	[sta'lʲɪnʲe: 'lʲɛmpa]
lustre (m)	sietynas (v)	[sʲiɛ'tʲi:nas]
cozinha (f)	virtuvė (m)	[vʲɪr'tʊvʲe:]

fogão (m) a gás	dùjinė (m)	['dʊjinʲeː]
fogão (m) elétrico	elektrìnė (m)	[ɛlʲɛk'trʲɪnʲeː]
forno (m) de micro-ondas	mikrobangū̃ krosnēlė (m)	[mʲɪkroban'gu: kros'nʲælʲeː]

frigorífico (m)	šaldytùvas (v)	[ʃalʲdʲiː'tʊvas]
congelador (m)	šáldymo kāmera (m)	['ʃalʲdʲiːmɔ 'ka:mʲɛra]
máquina (f) de lavar louça	iñdų plovìmo mašinà (m)	['ɪndu: plʲo'vʲɪmɔ maʃɪ'na]
torneira (f)	čiáupas (v)	['tʂʲæʊpas]

moedor (m) de carne	mė̃smalė (m)	['mʲeː smalʲeː]
espremedor (m)	sulčiãspaudė (m)	[sʊlʲ'tʂʲæspɑʊdʲeː]
torradeira (f)	tòsteris (v)	['tostʲɛrʲɪs]
batedeira (f)	mìkseris (v)	['mʲɪksʲɛrʲɪs]

máquina (f) de café	kavõs aparãtas (v)	[ka'vo:s apa'ra:tas]
chaleira (f)	arbatinùkas (v)	[arbatʲɪ'nʊkas]
bule (m)	arbãtinis (v)	[arba:'tʲɪnʲɪs]

televisor (m)	televìzorius (v)	[tʲɛlʲɛ'vʲɪzorʲʊs]
videogravador (m)	video magnetofònas (v)	[vʲɪdʲɛɔ magnʲɛto'fonas]
ferro (m) de engomar	lygintùvas (v)	[lʲiːgʲɪn'tʊvas]
telefone (m)	telefònas (v)	[tʲɛlʲɛ'fonas]

www.ingramcontent.com/pod-product-compliance
Lightning Source LLC
Chambersburg PA
CBHW070838050426
42452CB00011B/2337